广西民族风情典录丛书

侗族民俗风情

主编◆于 瑮

副主编◆向润华 王光荣

编著 吴鹏毅

广西民族出版社

开头的话

侗族是我国多民族大家庭中的一员，人口约300万，世代居住在湘、黔、桂、鄂毗邻山区，生活在恬静、安逸的农事劳作环境当中。侗家人性情温和，勤劳，容易接近，好客。然而，想要把这样一个淳朴的民族介绍清楚，却不是一件容易的事。

本书的编著过程，是自己又一次精神历炼的过程。之所以这么说，是因为：一方面，自己虽身为侗家人，也一直在思考侗家人的生活、研究侗族文化，却一直弄不好该如何把自己熟悉的生活简单明了地说出来，让人听，让人了解；另一方面，一个民族的文化如此的深远，又如何能在这么一册薄薄的书本中说得清道得完？为了这些问题，少不了心中紧张。幸好，有朋友就告诉我说，没事儿，你就想办法把这个民族当做一个漂亮的姑娘，讲她是从哪里来，她现在在干嘛，她心里装了些什么，在想什么，她喜欢什么，爱好什么，有什么特长，一一道明之后，这个漂亮的侗家姑娘就活生生的“站”在你的面前了。于是，自己便日夜思量着这位姑娘。明明知道相思苦，却又偏偏对她牵肠挂肚。带着这种“痛苦”、这种“历炼”在煎熬。可是，到头来，发现这种痛苦是如此的幸福。

就有了这本小册子的构架，也就是有了讲述侗族——这位美丽姑娘的故事情节。首先是侗族的族源、其生存状态，通过故事讲述出来；其次是把侗家人的生活、生产习俗、社会交往习俗、节庆活动、饮食习惯、婚恋习俗，人生礼仪习俗以及民间艺术和宗教信仰，放在侗家人的生活情景当中来观测，来阅读和理解。这样，就基本上能把“姑娘”推到读者的眼前了。

本书遵循了“族内人”眼光与“族外人”眼光相结合编辑原则。各篇章节中所用材料，大多是侗族人身份（本身是侗家人）所撰写的文章，如杨树清的《热闹南瓜仗》等。也有族外人（即不是侗家人的游客）到侗乡采访、调研所看到的情景，比如《“过三朝”：有趣的侗族生育习俗》等，作者在他不熟悉侗族文化习俗情况下，把看到的场景一一进行描写与介绍。这样，我们就较全面的通过“熟悉的”和“不熟悉的”两种视角，来打量这位侗族姑娘了。

侗家人柔韧、温和、善良。侗家有一首古歌说到，荒古时候，洪水滔天，侗家先祖姜良姜妹兄妹按照上天的旨意与安排，躲在一个大大的葫芦里幸存下来，之后兄妹开亲结婚生子，生下的孩子是一个肉团，他们用孩子的肠子做汉人，用骨头做苗人，用肉团做侗家人，所以，肠子做的汉人聪明，骨头做的苗人硬朗，用肉团做的侗家人柔韧、温和、善良；之后，又有侗、苗先祖一同上天庭讨歌，选芦笙，挑歌挑芦笙到人间来传歌传艺；侗、苗、瑶先祖一道迁徙，互帮互助，共同找寻生活歇息的理想之地；等等。流传下来的这些古歌，一代传一代，深深地根植在侗家人的心中。侗家人这种“用孩子分亲，你我都是身体上的一部分”的文化心理，你中有我，我中有你，相亲相爱，永远流传在各民族大家庭中。我想，这就是我们在这里，细细思量这位美丽姑娘——侗族的共同心愿吧。

侗族

目录

◆ 1.树木庇护下的侗族
◆ 2.掩映在林木间的神奇居地
◆ 3.原始民族联盟韵味的团寨
◆ 4.民族迁徙生活迁出的侗家人

第一章

悠久的族属渊源

1. 树木庇护下的侗族

侗族，世代居住在湘、黔、桂三省交界及鄂西边地深处，是我国古代百越民族的后裔，侗族人口290万，其中贵州省侗族人口占55%，湖南省占28.04%，广西壮族自治区占10.2%，湖北省占2.4%，其余散居在全国各个省份。侗族的名称，最早以“仡伶”见于宋代文献，明、清两代曾出现“峒蛮”、“峒苗”、“峒人”、“峒家”等他称。中华人民共和国成立后称其为侗族，民间多称为“侗家”、“侗家人”。

日常生活中，侗家人自称为“更、干、金”。为什么这么称呼自己，却是有来源的。

侗家人在择地建村立寨时，寨址总是选择在有水、有山，特别是山水相映树木葱茏的溪河旁，或者选在河流萦绕的平坝上。之所以这样，很大程度上与侗家人意识里的“鱼”观念（“鱼”文化图腾）有关联。如今，百里侗乡村村寨寨都开设有鱼塘养鱼。鱼塘、鱼窝一般都用树枝或木栅来“干”，意思是用

1.鱼塘的遮蔽设施：鱼的“安乐窝”
2.自由自在的草鱼与鱼窝　张清澍　摄

树枝、木栅遮掩起来，鱼塘里不至于空荡荡的，鱼儿没地方躲身。鱼窝一般做得很讲究别致：稠密的树枝或随意浸放在水中，让鱼儿成群地进进出出；或做成精致的木栅架、棚、甚至是亭，让鱼儿得以“遮风挡雨”。.

在广西三江侗族自治县境内苗江河流域流传的古歌、民间故事、传说中，也有侗家人关于“鱼”的故事。如在叙述侗族、苗族历史交往和融合的传说中，涉及“鱼”和关于“鱼塘”的相关信息甚多，如侗族、苗族在开发苗江河的始初出现过磨擦，后来经老人们协商达成盟约，其中一项便是侗族把苗族祖上流传下来的一块三角形状的鱼塘退还给苗人。故事是这样的：

在很久以前，有一位叫公亥的苗族老人，带着他的七个儿女从湖南靖州辗转经贵州黎平牙双，挑着担子，带着农具，吹着芦笙，来到广西境内，在一条后来取名叫“苗江”的岸边安居了下来。在这里，气候温和，雨水充沛，土地肥沃，七兄妹开荒种地，播种下的粮食瓜果年年获得大丰收，并且鸡鸭成群，牛羊满圈，他们的生活过得丰衣足食，美满幸福。

后来，从武洛河（与苗江河隔一条山梁）那边迁来一群侗家人，他们忌妒苗胞兄妹居住的这片土地，于是仗着人多势众，抢占苗胞的田塘土地，并把苗胞赶到贵州去。苗胞兄妹被赶走后，这地方遭受五年大旱，瘟疫横行，种下的粮食颗粒无收。侗胞知道他们做了伤害苗胞兄妹的事，得罪了天神，便商议派人到贵州把苗胞兄妹请回来。于是，侗胞一路吹着芦笙找到贵州古州境内靖江苗寨见到了

古榕树与吊脚木楼（广西三江马胖寨）

古榕树下的侗家吊脚木楼（广西三江八斗小寨）

苗胞兄妹，向苗胞兄妹认错道歉，诚心诚意地请他们回苗江去，保证以后侗胞、苗胞和睦相处一家亲。苗胞兄妹为侗胞的诚意所动，答应了侗胞，并提出回去的五个条件，其中的一款就是关于退还原来苗人的鱼塘。苗人回来后，苗江两岸风调雨顺，五谷丰登，侗、苗世代和好。

可见，“鱼”观念对于当地的苗、侗人是多么的重要，对呵护自己的生活是多么的重要。养鱼的习俗也就自然约定俗成，深深地进入侗家人生活意识之中，甚至延伸到生活中的其他方面，比如菜园种菜，为了不让猪、牛等牲畜破坏菜园，侗家人就用大树枝或立栅栏，这个做法就叫做“干然”（“然”是侗语音，“菜园”的意思）。侗家人用树枝、用栅栏来遮蔽一个处所给鱼儿，或者护着菜园，这也是在呵护自己和自己的生活。

所以，侗族村村寨寨除了处处有鱼塘之外，也到处是古树，古树遮蔽着那一个个村寨，遮蔽着这个古老的民族，庇护着这个把自己称为“更、干、金”的民族。

2. 掩映在林木间的神奇居地

侗族的村落概念有他们独特的说法，其最小的单位就是“寨”，在对村寨的称谓上，将“寨”字前置，村寨名接后，如一个叫“独”的村寨，人们都呼其为“寨独”，一个叫“岜”的村子，人们就叫它为“寨岜”，等等。通常，侗族的寨子大多是掩映在树木葱茏的优美自然环境中，有着神秘的故事和传说。

独峒寨鼓楼后面的风景林，与鼓楼相互映衬，“庇护”着这方宝地

广西三江侗族自治县独峒乡独峒寨就是在风景林（也叫风水林）下的一个古老村寨。相传，独峒寨吴姓人（自称“伍苗”族人）原来

独峒寨全景，毗邻相连的木楼，环绕着风景林

掩映在丛林环绕之中的贵州从江-增冲侗寨　张清澍　摄

住在独峒寨背坡“美景”。“美景”（汉字记侗音语词），即“自然生长的，且祖先定下规矩禁砍忌伐的林木”，“美景”的“美”音即“树”的意义，现代社会通常叫“风景树”、“风水树”。一天，吴家人的狗跑到山下一个水塘里去洗澡，回到家时，身上全粘着水塘里的白浮萍。吴家人认为，这是一个吉兆，水塘处是一个风水宝地，是建村立寨的好地方。后来，人们就从山背坡“美景”处搬到水塘周围来住，时间长了，水塘这地方就成独峒寨的中心。据老人们说，水塘的原址就是现在独峒寨鼓楼所立之处。

独峒寨，毗邻相连的木楼，环绕着风景林。在这个以鼓楼为寨落中心的环境中，有浮萍、有水、有树、有山、有狗……正是这些“山—水—树—人”等元素符号共同构筑了寨落的人居环境。

独峒寨建寨初始选择风水宝地是由一条狗“带路”引发的故事而独峒寨附近另外一个村叫高定寨， 也有“母鹅引路，择地建寨”的说法。据说，高定寨原来建在距现在寨址一梁之隔的“芩寨考”。当初，人丁不旺，禽畜难生，后来有一只母鹅在“芩寨考”处做窝下蛋，人们发现此地背风向阳，绿树成荫，山泉淙淙，温气升腾，雾霭缭绕，终日不散，而且有一股暖气从地表升发，其水草丰盛，气候宜人，于是选择这个地方建村立寨。不出几年，果然人丁兴旺，五谷丰登。也传说，有一年，鸡、鸭、鹅成批死去，几户人家就仅剩下的一只母鹅有一天也翻过山梁走失了。过了一个多月，人们在现今的居地发现，这只母鹅已经在这里做窝下蛋。母鹅做窝下蛋之地，背风向阳，有一股暖气散发，当雾霭慢慢消失，便可以看见在清清的溪水之下鱼虾成群，互相戏耍。老人们不约而同地欢呼，这是一块宝地，是神灵让母鹅为他们指引的建村立寨之宝地。

侗族村寨立寨还有“母猪引路”的传说。故事说，有一杨姓人家的一头母猪，时常自行翻坡来到一个山冲里留宿，不久便生了一窝的小猪崽，猪崽不需人护理却长得滚瓜溜圆。此地青草茂密，如云覆地，鸟语花香，百兽和睦，溪水清澈，阳光温和。这头母猪从家里出来到这个地方顺利地生猪崽，人们就认为这是神灵指使杨家这头母猪给他们“引路”到此地方来居住。于是杨家人便到那地方搭棚舍，看护那窝猪崽，后来就在那里生息繁衍，那地方便成了他们安居乐业的宝地。随后又有其他族姓人迁来一起居住，共建这片家园。人们为了纪念母猪“引路”，就把那处山冲命名为“猪冲”。

此外，在侗族居住地区的村村寨寨，流传着还有“母鹅孵出平溪屯”，“每天下两个蛋的鸭双（牙双）寨”，“野鸭、浮萍、青竹间惊起的金竹寨”等故事传说。

侗族的寨子都是这样，是由得天独厚的自然环境以及那一个个美丽质朴的民间故事传说来构成的。大的寨子上千户人家，如广西三江独峒干冲村，被称为“千户侗寨”；小的寨子二三十户人家，这些寨子都掩映在树林葱茏的美丽自然环境中，漂亮极了。

3. 原始民族联盟韵味的团寨

侗族“团寨”，指侗族地区聚族而居的自然村落，一个自然村落可视为一个社区，即“团寨”，但不能说“社区”、“村”就等于“团寨”。侗族“团寨”有时候指称一个村落，有时候又包括几个村落范围，具体要根据谈话人之间的语境来定。总的来说，侗族“团寨”概念是侗族一个村落或几个村落地理空间概念。这跟侗族传统社会文化中“款文化”关系来源非常密切，有“侗家人要抱成团，团结一致”的意思，这一观念深深地存活在侗家人的日常语言和生活中。

古侗寨——宝赠

在桂北的侗区里，有一个古老的侗寨——宝赠，至今仍然是古朴典雅的风貌。这里的侗民生活习俗仍然是原汁原味地保存着。

宝赠侗寨位于广西龙胜各族自治县的乐江乡境内，是该县最大的一个侗

1.大山间的侗寨及其四周的小村寨联结而成的“团寨”。
2.远处半山腰一个30多户的寨子。这个村的村民亦会称呼这是他们的“团诺（寨）”
3.团寨范围内，一个侗寨通往另一寨的路上，山坳处都会有供歇息的地方，侗家人在风景树下安置好大石头当凳子。热天里，这儿凉风习习。

张清澍　摄

龙胜宝赠古侗寨　杨永明　摄

族自然村寨之一，刚进入寨前的山口，就被这里的景致迷住了：一个偌大的寨子就展现在眼前。该寨坐落于四面环山的一个盆地里，寨子被群山环抱，寨旁的几丛参天古树将寨子覆盖着，好不幽静，一条蜿蜒崎岖的盘山公路由寨东而入，一条清澈的小溪从寨边缓缓流过，有如陶渊明笔下《桃花源记》中的描述一样，确实幽美。

古老的宝赠侗寨由上寨、普团、江平三个自然小寨组成，这里距县城约五十公里，距乐江乡政府15华里，地处高寒山区，海拔在800—1000米之间，四季平均气温只有18℃，居住着290户人家、1160余人，他们靠山、养山、吃山，祖祖辈辈以种植水稻作为主要的生活来源，至今全寨仍保持着原汁原味的生活习俗，是全县保存得最为古老的一个侗族村寨。

寨上民居均为“干栏”木楼建筑，全以青瓦覆盖，鳞次栉比，排列有序地分成若干个形块，又由这些形块共同组成一个完整的村寨，蕴藏着天干地支玄机。巍峨高耸的鼓楼在民居的簇拥下立于寨中，颇具艺术性的戏台与鼓楼相应而建，一排排整齐有序的禾廊（晾晒糯禾把用的木架）列于溪流两旁，纵横交错的石板路遍布寨中，全县侗区最大最宽且保存得最为完整的石板坪就在这里，石板坪边的石凳、石栏杆也是这里保留为数最多、最完整。寨头、寨后是数十株冲天古树拔地而起，其中一株胸径为两米以上、由树空心底部通向树尖可望入云天。枝叶繁茂的古杉笼罩在横跨小溪的风雨桥上，这些联成一体，使整个寨貌蔚为壮观，给人一种古老而神秘之感。难怪游人是用这样的佳句来赞颂它的："古树通天风水顺，悠延石板路更清。印记沧桑千余载，唯存宝赠叙风情。"

寨内那古色古香的建筑与古朴民风的谐美结合更为让人欣赏，令人叹为观止。鼓楼前的石板坪上老老少少围成一圈跳起"多耶"舞，鼓楼内站满了观看的人群；溪流旁的禾廊上，侗民在将收割后的糯禾把一把一把地晾挂在上面；寨旁的绿荫下，一群姑娘、后生在请教一位长者学唱侗歌；几位中年妇女在石坪上以古老的方式捶理侗布；寨中的巷道里一位中年男子手持铜锣边敲边喊，在履行护寨职能，告诫人们小心火烛、多做善事、注意安全等……这一幅幅充满民俗气息的画面，呈现出一派宁和的景象。

据传，宝赠从明朝洪武年间开始建寨，虽然汉字传入较晚，造成历史记载很长的空白，但现存的民间建筑已足以证明它们的古老沧桑。这从落款有记录的建筑中可以得到证实，如建于清乾隆五十一年（1786年）的上寨水井及水井亭，清嘉庆十七年（1812年）的上寨鼓楼，清同治六年（1867年）的江平鼓楼，清光绪二十年（1895年）的普团鼓楼，立于清嘉庆三年（1798年）的村规民约石碑，以及寨后墓群中其中一块吴氏墓碑的落款就是立于清嘉庆十八年（1813年）等等。而从这一系列建筑的选址、造型、布局、工艺来看，其建造规模在当时已是相当的具有规范化，亦足以说明了当时的文明程度已达到了一定境界，作为一个具有原始部落色彩一样的山寨，要达到这样一个境界，如果没有一个相当长的历史过程，那显然是不可能的，而这个过程少说也要百年以上的时间，由此可见，宝赠侗寨的立寨时间之久远。

这里的百家宴更是热闹非凡，人山人海，有如集市上赶集的人群一般，由四面八方汇集而来。顾名思义，百家宴就是上百家人参加的宴席，是自古以来就流传有的习俗，各家各户拿出自家腌制的酸肉、酸鱼、酸鸭及最拿手的三至五个菜肴放入篮内，连同桌椅板凳搬到寨前的风雨桥摆上，待村民们到齐后由寨老发话即可开席，长廊式的宴席顿时就会展现在眼前，无不使人连声叫绝。

百家宴与清山绿水相伴、与蓝天白云交融，由此即可体现出宝赠侗民和睦相处的美好生活。

盘桓宝赠侗寨，真是让我感慨万千。在我国的侗区里居然还有如此古朴典雅的村寨：一条条纵横交错的巷道里全为整齐有序的银色石板铺就；蔚为壮观高耸入云的鼓楼，横跨溪流长廊式的风雨桥，让侗民载歌载舞其乐无穷的戏台，敬奉侗族祖奶的萨坛，滋润侗民的井水亭，一兜兜饱经风霜的千年古树，一块块大青石板拼接镶成的石板坪，一架架轮回滚动彻夜不眠灌溉农田的水车，一排排横贯寨中、立于溪流两旁、石板路边、敞阳坡地处的立体晒谷坪——“禾廊”……

宝赠与湖南省的通道侗族自治县接壤，方圆50公里，全为一色的侗民居住，是侗族村寨集中的中心区，长期以来，这里的侗民不断受到周边侗族文化的影响，以及加强对自身侗文化的保护，使全村至今仍然保存着有如云南丽江古城一样的风貌，甚至更为完整。宝赠的建筑风格和民俗风情是八百里侗乡保存得最完整、最有代表性的一个侗族村寨。这里的生态原始、民风古朴，它的民居、鼓楼、风雨桥、戏台、萨坛、石板坪、石板路、石栏杆、水井亭、风水树、禾廊、水车……都原汁原味的保存着，是我国侗乡里的一颗亮丽明珠。

宝赠古侗寨不仅有着悠久的历史，还有着光荣的一页，1934年12月6日——14日，红军长征由龙胜境内通往湖南省的通道县，就是从宝赠境内的北边而过。

纵观宝赠古侗寨，既有原始古朴之典雅，又有现代文明之清润，犹以风景秀丽，寨貌美观，风情独具，民俗别致而胜誉，从村头到村尾，由寨前到寨后尽可反映出这里的侗民在侗族文化上的精湛艺术所在。其含蓄的民俗文化理念，既有挖掘保存之价值，又具有推陈出新的必要，她作为一种审美观念和民族文化艺术，在民族大家庭里有着不可估量的价值和意义。

宝赠的山美、水美、人更美；宝赠的山寨秀、风情秀、民风更秀，秀美融为一体，使人陶醉。相信在举国共庆升平的岁月里，宝赠这一堪称古寨奇葩的民俗篇章将会唱得更响。

（杨永明）

侗苗族谐居的大寨——唐朝

唐朝侗寨是广西三江侗族自治县独峒乡的一个偏远山寨，坐落于广西、贵州两省交界的高寒山上，海拔960米以上，历史悠久，文化繁兴，被誉为“高山上的侗戏之乡”、“河歌之乡”。唐朝侗寨是侗族迁徙历史上的古道，是黎平东南部“千户侗家的祖籍地”，又是侗、苗、瑶、水、汉“五族界地”，黔东南入口关隘。唐朝侗寨东临独峒八协村座龙，西抵贵州黎平雷洞乡塘婢村，南承同乐高洋村，北接独峒知了村。往北达独峒具河村。关于唐朝侗寨立寨有这么一个传说：

一千年前，北天飞来两只白天鹅，来到唐朝山区上，被这里的大山美景迷住，不舍离去，便在此定居，将这里取名为“唐朝”。白天鹅饮了陆苏坡上的甘泉后化为仙女，于是人们今天称此泉为“仙女泉”。仙女恩泽唐朝地方，功德无量，修道升天。人们在今天陆苏坡上送二仙女升天。天鹅仙女说要在一千年后回来看这里的人。于是人们天天在此等候，年复一年地等候。所以叫那坡为“陆苏坡”，侗语的意思是“在此等候”。

唐朝侗寨坐落于苗江中断横断山上，以山底小溪为界，分为两个村：唐朝村和知了村，含唐朝大寨、知了寨、归滚寨、归喜寨、良拜寨五寨，1300户侗族苗族人家共5000多人。大寨规模宏大，延伸在大山半山腰上依山而建。在苗江流域民间历来有“五百唐朝，千户干冲”的说法，在广西侗族地区属于仅次于干冲侗寨，与干冲齐名。唐朝侗寨的吴、杨是两大侗族姓氏，占总人口近60%。唐朝侗寨的侗族吴氏被认为于明朝末期从江西吉安迁泰和府来。夏、张等苗族姓氏于清代先后来到这里。汤姓原为汉族，元代时被苗化，成为苗族的一部分，清代末年迁来唐朝寨。

远观唐朝大寨的地形，以山岭为沿，四周环抱，中间陡然下陷，地形如侗家火塘，因此得名“唐朝”。山上有奇洞甘泉，有名的甘泉有萨哀泉、寨内的下伦井、东大井、水库泉、平广泉等等。梯田绵延，一条清溪绕着大山由西向东徜徉而去，五座风雨桥横跨溪上，棉坡歌会地——两宜坡耸于溪北。溪两岸层峦起伏，青山郁翠，山高路远，空气清鲜。千户吊角楼遍布山腰，此起彼伏，屋瓦连片，错落有致，屋随坡绕。房前屋后翠竹参天，池塘、蕉地间是曲折幽深的小径。八座鼓楼屹立寨中，各自遥遥对望。楼前是由栏杆围起的鼓楼坪。一条全由石板铺成的主干道贯穿整个大寨中，四面八方的小石板路汇合在大寨中央鼓楼坪上。

唐朝大寨的寨落布局保留着远古侗族社群部落方式，将大寨按地理位置分

唐朝侗寨一角　吴平欢　摄

为上、中、下三楼区，每一楼各设一个鼓楼和鼓楼坪，为各区政治、经济、文化中心。各楼分开议事，设一个全寨总中心，设有全寨共用的中心鼓楼，即寨鼓楼，为三楼共议事。全寨的文化活动在过去分到各楼进行，但全寨大型活动则由寨佬安排，三楼依照上、中、下次序逐一轮流负责。这里的人们生活方式古老，生活工具古旧，民风淳朴。

唐朝大寨，有侗族吴、杨、阳三大姓氏，苗族有杨、龙、吴、夏、汤、张六姓，属侗族、苗族混居大寨。由于侗族人口众多，这里的苗族基本发生语言转用，文化上也表现出浓厚的侗族气质。苗族的赶坡会仍在唐朝地方流传，一年一度的坡会节从古至今不断发展，逐步演变成侗族文化盛宴，而苗歌几乎已经毫无踪影。这里的芦笙表演杂有侗族、苗族两重风格。侗族、苗族共同信奉飞山神（其实是宋代杨再思，又有说是杨六郎、杨业等）和宋代杨宗保将军。中楼（大寨分上楼、中楼、下楼三个片区）祭祀侗族女神“萨岁”。这里唱侗族大歌的人多是苗族人，侗族人反而少。侗族人多唱戏和唱河歌。唐朝侗寨文

化繁荣，民歌荟萃，戏曲繁华。唐朝民歌中分有河边情歌、大歌、四句歌、对歌、多耶、对耶，从内容上分有情歌、劳动歌、礼俗歌、山歌、儿歌、拦路歌、敬酒歌等。唐朝侗寨的侗戏至尽已经有120多年历史，持有侗戏剧目有《凤交李旦》、《珠郎娘妹》《梅良玉》等十余部。唐朝侗寨以楼、片区为单位先后组建了八个戏班，后来又由最初的八个戏班改组精简到四个戏班。唐朝侗戏班曾多次“为月”巡演，在湘黔桂三省交界村寨享有名望。

每年农历九月十五棉坡歌会节，是当地人一年中春节之外的最隆重的节日。在这一天，人们都赶往两宜坡——“棉坡”上采棉，在棉树林中，青年男女以对歌形式寻找自己的意中人。老人们不去棉坡打扰青年对歌，于是在寨子里办斗牛活动，唱侗族大歌，晚上大伙一起在寨子里进行芦笙踩塘，看侗戏。周边村寨也过来“为也”，进行“侗戏大汇演”、河歌大赛、对耶大赛，有时

唐朝侗寨全景　吴平欢　摄

会一连唱三天三夜，热闹非凡。这一天也是斗牛的大节，附近十几个寨子都有“战牛”，在一年中保养好，然后在这一天赶出来亮相，参加战斗。斗牛活动惊心动魄，每年评选出“牛王”。连续三年获得“牛王”称号的，其养主被人们特别敬重。

“赶贼”文化娱乐活动，是每年春节的唐朝寨地方特色文化活动。“赶贼”，起源于苗族，两个民族都传承，但每年“赶贼”的首领必须是由苗族的龙氏来扮演，除了“龙”是吉祥物、“龙”具有威力之外，其实还有苗族龙氏开始这个习俗的意思。源自唐朝寨解放前，由于山高林密，经常受到山贼的骚扰。解放后，为了避邪，同时也为了教育子孙后代不要做伤害他人的事，寄语来年岁岁平安。由于以前山贼进村抢劫时，是龙姓的人把山贼赶走，同时由于龙是中华民族的吉祥物，所以人们定下规矩，“贼王”必须由龙姓人来扮演，预示着龙可以化邪为吉祥。其他贼则由村里的年轻小伙子扮演。唐朝寨按上中下三个鼓楼片区，每年轮到一个片区的村民扮演山贼。“山贼”被赶跑后，可在寨外“偷”青菜回来做百家宴，到晚上，每家拿出一碗糯米和一斤白酒，然后聚在鼓楼里吃百家宴。当赶贼出寨后，村民们便汇聚中央鼓楼坪，三楼芦笙队各自持芦笙，有组织地进入鼓楼坪，当年主持方（楼）先发音，然后进行为时一个小时的大型芦笙赛，每支芦笙队人数都在30人以上，整个鼓楼坪上芦笙百把，笙歌阵阵，响彻云霄，完全打破大山的宁静，充满着节日的气息。

唐朝寨山区以山泉著名。这里水质非常好，纯天然无污染！森林覆盖率高，地下水丰富。村民家家户户有池塘养鱼，梯田与绿林相间，蔬菜种植与水稻种植相间，生态系统非常平衡！

唐朝寨西部坐落着“陆苏坡”，海拔1162米，与独峒境内的“三省坡”（海拔1388米）遥遥相望。“陆苏坡”风光秀丽，空气清新。环“陆苏坡”周边有苗佬寨、草苗寨、高山瑶寨、水族山寨，多民族共生，习俗古朴，是侗、苗族和谐居住的大侗寨。

（吴平欢）

4. 民族迁徙生活迁出的侗家人

侗族是怎么来的？是世代就生活在当地，还是从外面迁徙而来的？不断地有人问这个问题。侗族聚居的黔、湘、桂毗邻地区，境内山美水美，景色迷人。据《人类起源》歌传诵，侗族先民原先不居住在这个地方，为了寻找理想中的家园，他们在祖公的率领下离开了祖先的居住地，划着枫木船（中途改乘楠木船）溯水而上，历经艰辛地跋涉最终选择了这块美丽、神奇的土地。

侗族古族歌谣中的迁徙歌这样唱到："住在梧州那里，人丁实在兴旺；住在梧州那里，人口连年发展。父亲这一辈，人满院坝闹嚷嚷；儿子这一辈，人口增添满村寨；姑娘挤满了坪子，后生挤满了里巷。地少人多难养活，日子越过越艰难，树桠嚼光，树根吃完，不能困在这里等饿死，祖先召集众人来商量"，"在家相约出去，找那可以居住的地方。侗家苗家相约沿河走……为寻生路离开家乡。不知走了多少路程，不知拐过多少河湾，来到一处大村寨，那

1.老人的神情刻着岁月痕迹
2.都柳江上的木舟与古榕树似乎在诉说着侗民族的昨天和现在　张清澍　摄
3.龙胜宝赠古侗寨　杨永明　摄

3

古榕树下的侗家吊脚木楼

里地势很平坦，寨头足有五千把的面积大，寨脚也有五百把的面积宽，这个地方虽然好，可惜寨上人已满，我们两家的祖先，都在这里上了岸，约好同在这里休息吃晌午，然后再一同把路赶。”于是又沿河、爬山、越岭继续寻找：“侗家八洛河口上了岸，看见这里真是个好落脚处，周围地方宽，能开田和地，这里阳光灿灿出棉花，这里田土湿润长禾谷，我们祖先很高兴，愿在这里留人住。”

古族歌谣迁徙歌的吟唱，发现了侗族迁徙成因：原来居住地的自然条件受到破坏，生存资源不足需要寻找新的开发地，探求新的生存场所。包括突发自然灾害或“饥荒”，或部族之间利益争端而引发的战争（即所谓“兵荒”）。

古歌《祖公上河》是“祖先沿着河流而上”的意思，这是一篇关于侗族祖先溯江而上寻找定居点的迁徙之歌。在人类经过洪水滔天，由侗族族人张良张妹繁衍人类之后，人类分成各种不同的种族、姓氏，各自定居在各自的地方。

《祖公上河》就从侗人、瑶族人、汉人、苗人等你来我往，安居乐业开始。首先描述当时的社会原来处于“没有朝廷，只有人们；没有衙门，只有萨老；不知道有皇帝，只知道父母；不知道要纳粮，只知道要种田”这样一种古朴的原生社会。后来人口发展，土地不够，于是率众迁徙，寻找安身之地：“有分了侗人的祖公，落在金门县；落的地方地势低，地方暖和；置了黄牛水牛，造了芦笙笛子；天地开到山上，人们住在村寨；因为人多，江河少；祖公寻吃，祖婆找住；祖公寻食，祖婆找穿；祖公戴着草帽在前，祖婆撑着雨伞随后；过了呆坡，过山坳，出山谷；落在梧州地方住下”，“过三千屯的田坝，过九百屯大的山地；打鱼郎飞不过，放屁虫死田间；池塘无鱼收，种田稻不熟……用江南的木做船，船行驶在激流中；逆都柳江而上，接连的船只撑上浪宝；三公上到榕水，落在榕寨；五公下到赖地，上了洛香河……”开始由“落脚金门县”，后来先辗转到达梧州，之后，又沿着都柳江而上，继续迁徙。

民族迁徙的这种“苦难历程”，在历史上年复一年、代代承接，无形中成就了先祖们内心为求得生息之地的坚强信念。

第二章 欢乐的劳动场景

1. 喊寨防火

侗乡遍山有杉、松、茶、桐林，侗寨是纯木结构的、密集的木楼群。防火救火是个突出的问题，也有一系列与此有关的风习值得探讨。

敲竹筒或铜锣“喊寨”，在广西三江侗乡，是一种普遍的防火风习。喊寨员（也称防火员）是全寨成年人在鼓楼里民主推选的，如不称职，开会另行推选。喊寨员一般都是四十岁上下的壮年人。他们办事有经验，责任心强，很受全寨人尊重。喊寨员一天到晚要喊若干次，木棍敲竹筒或铜锣，在小巷里喊开了：“防火要小心！大人出门灭火好！小孩不许玩火柴！睡前端锅放上三脚灶……”

除了喊寨外，他白天还要走巷串家，到每家每户去检查，发现不安全因素，马上指出，要户主改正，如不听劝，经寨上老人到鼓楼里商量决定，视情节轻重，罚款和罚谷子。喊寨员还负责把村边的水塘保满水，监督每户水缸挑

1.鼓楼里长桶形牛皮鼓，寨上出现紧急情况即刻擂鼓召集村民
2.鼓楼里的鼓　张清澍　摄
3.防火员在“喊寨”　红动论坛　提供

满水，观看每户屋边箩筐、大木桶是否备放沙子之类的灭火物。喊寨员的报酬由村里“亚瓦”（村有田）中和捐献款中提取。

除此外还有“洗寨”，这实际是对火主的一种处罚，这是三江侗家的另一防火风习。户主失火不管是否成灾，寨上规定他须出二钱请法师，罚他备三牲（即狗、鸡、鸭各一只）来驱“火魔”，这有款约规定：“屎撤进长廊，尿淋火塘灰。出银元备三牲，石头棍棒把屋擂。串小巷走屋隅，一直往那桥上追。”组织一大帮人，先用粪便、阴沟水把失火主房屋淋洒一通，再用棍棒石头敲打一遍，传说这样才能赶走“火魔”，每个角落都要敲打到。然后又到各家各户、各条小巷，只用棍棒和石头敲打，不再洒粪便，不许漏打一个屋角，一条小巷。这样边敲边赶，一直把“火魔”赶过风雨桥。

如果发生寨火，三江侗乡有这样的规矩：鼓楼上猛击大鼓，男男女女迅速集中到鼓楼坪上。寨上头人做简短的布置，青壮年跑去救火，年迈的老人拄着拐杖到村外各条道口上把守。对外村跑来救火的人，他们热情相迎，但是谁也不准空手进村，一定要拿一件救火工具。假若有人不听他们的话，老人就怒目一瞪，拐杖一指，干脆叫你站到寨外面去。对于本寨的人，谁也不许先往村外搬东西，哪怕是备给女儿出嫁的银圈银花（若是眼看火已难灭，也允许搬东西）。这样，才能同心协力救火，不分散救火的力量，也维护救火现场的秩序。

救火一开始，村民从村边的水塘里牵一条条“水绳”——一个紧接一个地把一桶桶水递到火场上，泼进旺火中。手拿锤子和斧头的青壮年，敲的敲，劈的劈，把靠近火主周围的房屋拆散打开，这叫“断火路”，在密集木楼群的侗寨，是一种有效的救火措施。

灭火后，外寨的人陆续出村，本寨人安排好一箩箩糯米饭，和一块块巴掌一般大的酸草鱼或酸鲤鱼，放在每条路口上等待。凡外寨人出去的，每人给一团糯米饭和一块酸鱼，这是“慰劳饭”。

按照乡规民约规定：如果火灾造成损失重大的，寨上就把火主赶出外乡去居住，过几年以后，再叫人请他回来，传说不赶出去就会全寨不安，不请回来却又会使全寨财源外流，人畜不旺。不论火灾影响全寨损失大小，火主全家人都要进到水塘边或河边的水里去下跪，给人用桶或瓢舀水从身上淋下来，这叫“驱邪”。如哪个火主不老实进水下跪，或上山躲避，就要受到谴责和打骂。

侗乡满山遍野都是森林。山林防火是个重要的问题。旧社会时，户与户之间的松、杉、茶、桐、竹林接壤处，都要铲好一条条界路。这一方面是山权林权的分界线，另一方面又是护林防火线。另外，还有一条条款约约束，比如："谁人失火烧山岸、烧松林、烧杉木……罚他千斤油水，抄净锅头碗杯……"

粗略探讨一下侗家的防火风习，既有迷信、落后的部分，也有"喊寨"、"铲防火线"和救火的积极有效措施。如何弃其糟粕，取其精华，建立和健全新的防火救火制度，杜绝寨火、山火，确保侗寨和山林安全，关系着群众切身利益。

2. 拉山——男子汉的“团歌”

拉山，是侗家男子汉一种壮力美与粗犷性格的结合，是山野里的属于男子汉的“团歌”！而春节期间日夜喧腾于鼓楼与岩坪上的团歌，则是拉山的模拟和彩排。那间距均匀的队列，那踏有鲜明节奏的舞步，那紧缠或互攀肩膀的手臂，那雄浑高昂的歌声和喊声，那凝聚着集体主义信念而超然忘我的情境，两者何其相似！

拉山，是力量、智慧和技艺的严峻竞赛，是齐心团结的严格考试，是循规蹈矩毫不含糊的检验，是一村一寨英雄好汉胆魄和阵营的大检阅。作为拉山者，要具备强健的体魄，才能与别人搭档，才能与对手抗衡。作为拉山的一员，要掌握扛木、抬木和拉木的所有招数，还得具有听从指挥，乐于与人配合的胸襟。要搬运很大很长的木头，拉山人便像蚂蚁抬食物一样，踩着“团歌”的节奏，簇拥着庞然大物前行。还要看道路的宽或窄而采用不同的搬运形式。

1.侗族男子扛木头过溪河、走山路
2.把大木头拖扛出山林
3.在狭小的弯曲的山路上拉山抬木头，很讲究集体协调配合
4.把大木头拖扛出山林

岑旁村博客　提供

碰上木头出山的路比较宽，能容下两人并排行走的，常用牛钉吊抬。两人一杠、一杠一组，至于哪根木头要安排多少杠抬，要根据具体情况和能力而定，量力而行，大木头把粗棕索吊得绷直，它还不时摩挲着抬杠者的大腿，随着“团歌”的脚步而轻轻晃荡。抬牛钉时要求各人向前稍倾同一个角度，如果有谁直着身子取消这个最佳角度，他和他的搭档都将前倒后仰，以致“牵一发而动全身”，乱了几组人的阵脚，破坏“团歌”的和谐，严重的还会造成工伤事故。

要是碰上了不容两人并排走的狭路和田基，就只好采取“抬翅”了。即在被抬的木头下方捆上一根根短而粗的杠子（每根只有一只手臂的长度，而且削得中间肥大两头稍瘦），乍一看，这根大木头长了一双双“翅膀”。“翅膀”落在两人肩，道路却不容两人并行，大木头怎么“飞”起来呢？相信拉山好汉们的绝技吧，他们会像出色的杂技演员，表演出高难度的动作，在独木桥一样窄的山路上“并驾齐驱”，成功地“铤而走险”。两位搭档的好汉分别用相挨的那只手臂紧紧有力地缠住“翅膀”，扣稳对方，他们几乎面对面，侧着身子并排走，小心地踩着号子的节奏，交换着“团歌”的脚步，有条不紊地占有和使用有限的插针之地。走到最窄处，两人的膝盖和脚板简直像齿轮一样，相衔，相交，步步都得像铆钉一样踏实、铆紧。要知道，危险正在他们头上虎视眈眈，只要稍稍出现头重脚轻和左右摆动情况，后果就不堪设想。

不要以为脱离搭档独自扛运时可以随心所欲，无所顾忌。拉山，处处是集体观念的显露和体现。那肩扛的接力赛更是令拉山人热血沸腾，干劲倍增。经过协商，由各人包一截路，几丈、数十丈，距离不定，由一号“选手”扛运传给二号“选手”，次第传下去。按规定，后者要从前者的肩上接过去，不许在地上扛“死木”。所以一号“选手”还未到达之前，二号“选手”一定得在规定的交接点等待了。要是一号到了，而二号不来，一号就会毫不客气地把木头搁在地上，这对于后者，是一种羞辱。速度！速度！既紧张又有鲜明节奏，步步充实着“团歌”的神韵和豪气。

最惊心动魄的莫过于跑栈道拉木了。

如果要出山的木头很多（常指杉木条），而且路途又比较遥远，人们便用它们铺设具有四尺至五尺宽的双轨栈道。两轨间，稀疏地捆上一些小杂木条，以承受拉过的木头。就这样拆了后头的双轨拉来铺设前头的栈道，边拆边铺，拆掉最后一截木轨时，也就是此次拉山大功告成之时——这批原木已经全部集萃于它的目的地了。长长的双木栈道截弯取直，越深沟，过冲壕，飞架水田，按缓缓的坡度俯冲而下，配上横捆的杂木条，有如一架斜靠的山上的长梯子。拉木头的好汉，两人一根长杠，各踩一根杉木轨，拉着牛钉深楔棕索紧吊的杉木风一样掠过，发出因杉木与小杂木条摩擦而发生的雷鸣般的响声。两位搭档不偏不倚，通过木杠互相顶着，不先不后，利用木杠互相拨着，以保持平衡，让迈着“团歌”的步子不会左偏右歪而导致滑足。分不清是人拉着杉木跑，还是杉木带着人跑，是眼睛上生了脚，还是脚上长了眼，步步如此漂亮，回回这么利索。这就是“团歌”的威力和奇迹！

3. 人工孵化云雾鱼

侗乡人有孵化“云雾鱼”的习惯。三月，鲤鱼产卵，把树枝或带绒毛的山藤、竹条放入水田中，作为鲤鱼产卵的地方。几天之后，再将这些带鱼卵的藤条、枝条分散放到其他准备养鱼的水田、鱼塘中，再过几天鱼卵就成了小鱼苗。正如黄钟警先生所描写的这样：

侗乡池水晶莹，清澈见底，田水汪汪，涟漪粼粼。那水田里，大鲤鱼的“泼刺”跃浪声，打破了山野的幽静，搅碎了水中的云影。村口上，人们端着盆，提着桶，拿着捞网脚步匆匆。不是收鱼季节，这是做什么？乡亲们笑指着盛开的杜鹃花和桐子花告诉我，是它们在传递一个信息：该播种“云雾鱼”了！

这是侗家对物候学的应用啊！

这里山高水寒，如果让鲤鱼自行繁殖，千千万万的鱼卵都会冻死，于是，不得不由人来操心布置深水塘的新“洞房”，用带绒毛的藤条和竹根作被褥，好让鱼卵粘在上面；等待晴朗暖和的“吉日”，让“新郎”和“新娘”团圆。

在为我设置的席间，伯父煞有介事地宣布“家规”了，当然是警告我那几个侄儿：“这几天谁也不准吵要吃鱼！要是鱼婆听见了就不产卵，你们就永远没有鱼吃了。”这几个被取笑为“水獭”的孩子，都疑惑地眨巴着眼睛听着，毕恭毕敬。伯父还用带歉意的眼光向我表示遗憾，他特地炒了酸肉、炖了鸡向我劝酒。伯父这种对古风习俗的虔诚作法，令人暗暗好笑，但仔细一想，这也算是一种“鱼情”吧？

1.在田塘里捞鱼　朱永辉　摄
2.禾花鱼　朱永辉　摄
3.捞鱼的捞绞
4.用来装养鱼仔的盆桶

小孩在稻田里抓鱼　岑旁村网易博客　提供

分养的雌雄鱼种都捞回来，又分别用桶装起。那圆鼓鼓的鱼婆，不知它孕育了多少卵子！那灵活矫健的鱼公，充满青春活力。由于好奇心的驱使，我也想跟伯父去闹一闹鱼儿的“洞房”。谁知他早早就走了，好像避开我似的。后来伯父笑着向我解释，是为了避开那几个淘气的“水獭”，不是有人在场会带来什么不祥，而是人多影稠会惊扰“新郎”和“新娘”，使它们心神不安，滑过了产卵的良辰。

长着绒毛的藤子和竹根，侗语叫做“逊”。伯父把沾满鱼卵的“逊”从“洞房”里捞出挑回家来，腥气扑鼻。我仔细一看，嗬！“逊”上密密麻麻地缀满了金黄、透明、圆润的鱼卵，像是谁把一捧捧的粟子撒在上面一样。伯父用青青的枫叶作被褥铺成温床，把“逊”安置在温床中，过半天用嘴喷上一次水（决不能手戽，水滴大了会淋破鱼卵），以保持适当的温度和湿度。我见伯父太忙，主动要求去喷水。伯父迟疑了一下，话到口边又停下了。我心想：又是禁忌旁人插手，真是名堂太多。伯父见我面色作难，叫我先漱好口再进行。事后我才懂得，这是给生灵接生的活命水，容不得任何气味。

人工孵化到底需要几天？伯父说，火候不到，放进田里，出不了鱼仔；过了火候放迟了，鱼卵就会生霉。怪不得伯父三更半夜都还起来端着一碗水检验。到第三天早晨，伯父又检验起来，把几颗鱼卵一放进水碗里，头发般粗细的鱼仔马上满碗乱窜。这时，伯父召集家庭紧急会议，让我的堂弟和弟媳一起分头把温床拆了，将“逊”拿到各丘田里放养，行动要快。伯父说：这些鱼仔要是“落”得好，一把“逊”就是几千几万条。到那时，鱼苗游起来，就像一团云，一团雾。这时我才明白，难怪称作“云雾鱼”，多么富有诗意！

经过几天劳碌之后，伯父便去捞了几斤鲤鱼慰劳我们。那几个可爱的“水獭”又欢呼雀跃了：

“公公，鱼婆产卵，永远有鱼吃了吧？”

“嗨！馋嘴水獭，管保有你们吃的！”

（黄钟警）

4. 悠悠吟唱的榨油坊

沿着小溪堤上漫步，一块砌在河坎上的古碾槽勾起青少年时期的回忆，那就是已成梦幻的古油坊。

风雨桥下这条小溪，据说是家乡的祖辈们为引水推碾而挖掘的人工河，长约一里。在少年时期见到的古油坊已是古色古香的了。在距离油坊百步之遥的地方建有一座紧锁小溪的风雨桥，古油坊、风雨桥相互辉映，在秀美的侗乡田园中构成一幅色彩浓重的风景画。

这条小溪原来叫"打哇叉河"，是乡亲们捣蓝靛、洗侗布的地方。听老人说，小溪两岸摆满了各家各户的蓝靛桶，仲秋烈日下，一匹匹黑色的自织侗布沿河床而晒，舒展着侗乡浓浓的风情。20世纪60年代，全国陷入经济困难时期，人们食不果腹，为了生存，上山挖蕨粑充饥，这条小溪就成了村民洗蕨根、滤蕨粑的专用场所。昔日的蓝靛桶换成了蕨粑桶，救命的桶，上百个乌黑的庞桶沿河两岸摆去，形成一条凄凉的风景线。那是令人难以忘怀的年代，后来人们干脆把这条小溪叫做“蕨粑河”。

告别蕨粑充饥的岁月，小溪恢复了原始功能，清澈的溪水又急匆匆推动着沉重的碾盘吱呀吱呀地旋转。过去，家乡的茶油、桐油十分丰富，是主要经济来源。每年深秋时节，就有几十吨茶油籽排队堆放在油坊等待榨油。

榨油坊是两座用粗大的杉木建成的吊脚楼。一半的柱脚泡在小溪里，沉重的碾盘是由水车的木齿轮互相拨动的。春夏季节，水涨流急，水车转速很快，木齿轮互相敲打的节奏十分欢快，油坊这种节拍听起来令人心情轻松愉快。秋冬季河水干枯，水车缓缓转动，发出十分吃力的呻吟，碾盘在石槽中慢悠悠地转，老鼠成队地跟着碾盘后面大胆饱食油粉。榨油坊里有一张巨大的浸透百年油水的老榨床，这是用一棵四人合抱大的古树挖成空心制作而成的榨床，榨床一次可以排放24饼油麸。一根足6米长、重约100多公斤的青岗木做成的榨捶悬挂在高高的支架上。油坊里那座高过人头的烘烤床热气腾腾，昼夜不息地烘干

榨油坊在侗乡民间已不多见，这是用于碾油茶籽的水力石碾，摄于广西文物苑内

油茶籽，一口沸腾的蒸锅将一斗斗碾碎的油籽蒸熟，然后榨油匠将蒸熟的油籽粉用禾草包成油饼。包饼的工序最有舞步节奏感了，饼匝不时掷地有声，宛如舞池中的打击乐声。榨油时，由身强力壮的榨油师傅扶锤来回奔跑四五个回合，待沉重的榨油锤在空中形成巨大的惯性冲击力时，榨锤在榨油匠的雄壮号子声中，准确无误地击中挤油尖，紧接着一股黄灿灿的茶油从粉饼中汩汩流出来。榨油时，人们躲得远远的，生怕榨锤偏离目标击中旁人。

孩童放学后不直接回家，一溜烟跑去油坊水塘里泡个痛快，或者爬上转动不停的碾臂杆，去感受坐车的滋味，有时是几个孩子一起爬上去，压得水碾减慢转速，发出艰难的呻吟，招来管油坊的大人用竹扫把驱赶。冬天，榨油坊暖气融融，是免费取暖的好去处。晚上，榨油坊便成了老少聚集的“娱乐沙龙”。年长的叼着长烟斗讲古，上下五千年，纵横八万里，海阔天空地侃；年少的围在烟熏火燎的烘烤床前，撑着下巴听故事，听到精彩时眼睛贼亮贼亮的。寨上的后生仔经常到这油坊打发时光，有时玩到半夜，和同伴们下河摸鱼，下田捉泥鳅，打平伙、吃夜宵，不愁没有茶油煎炒鱼仔。在那个物质和文化生活极度贫乏的年代，古油坊成为侗寨老少的精神家园，给了侗寨人多少欢乐啊！

20世纪80年代末期，蕨粑河上的古油坊进入寿终正寝的时期。油坊被改建成甘蔗加工厂，榨汁机的马达声取代了古碾的痛苦呻吟声。榨油匠震天响的号子声也在蕨粑河上空消失了。再后来，蔗糖加工厂也成了短命企业，糖厂很快被夷为平地，变成一块水田。那一块块从远山雕刻好抬回来的青石碾槽、碾盘，永远地砌进蕨粑河坎上。

（陆安顺）

5. 小小草标见人心

草标

草标，是取山间芒巴草、茅草或稻草扭为疙瘩，打个结，或取家存禾秆草扎为圆束，并配上其他相关物品制成的，是用来传情达意并约束人们行为的标志符号。在侗乡不时看到山间、田中、屋门插着或挂着这种草标，它反映了侗族古仆的传统习俗及优良的社会公德。有人理解得好，说草标用以约束和规范人们某种行为的标记，是一种没有文字的公约，是一封封神秘而又浪漫的无字情书。草标作用很大，是侗家人日常生活中必不可少的一种语言符号，它渗透到生活的各个方面，形成了一种特有的文化现象，它标志着侗族千百年来的道德观念与文明礼节，它是侗族人民美好心灵的象征。草标在侗族民间约定俗成，有爱情标、占有标、提示标等多种形式。

山坳间的一棵树，打上草标，表示这棵树不让乱砍乱折

山标

人们上山砍柴，未能一次挑回家，余下部分就地堆放，只要在柴堆旁插上草标，标脚放一束干草。过十天半个月，也不会被人偷取。有人在山中发现地蜂窝洞，因忙别事没空挖取，只要在洞口插个草标披上带刺藤条，过一两个月，后到的人看见就不会下手挖取。

田标

春末夏初，已耙平准备育秧或插秧的水田，要防止人畜践踏，主人就打个草标，上系两三根禾穗，挂于竹竿尖，插在田中央。小孩见了就不会下田摸泥鳅、捞鱼虾、捡螺蛳；看牛小孩也会把牛赶到别处。放养鲤鱼花的水田，主人就打个草标，插上鸭或鹅翅膀毛，挂在竹竿尖，插在田中央。赶鸭或鹅帮的小孩见了，就会把鸭或鹅群赶到别处；找浮萍喂猪的妇女见了，也不会进田捞取。

约标

后生、姑娘大都通过晚上"走寨坐妹"（谈恋爱的一种方式）互相认识了解，倾吐爱慕之情。但当双方感情还未到定婚，恋爱关系不愿公开时，有些暗约上山谈情说爱，这就要告约标指引。每到山上三月苞、油茶苞、杨梅、板栗成熟季节，后生或姑娘以采吃鲜果为名，邀请对方上山活动。头天晚上，后生或姑娘先把要去的方向、约标式样，向对方交代清楚。次日，后生或姑娘先走，打两个似人形的约标平排地放在岔路口的一边，标头朝前，标尾朝后，如同指路箭头。后生或姑娘后来就按约标所指赴约。他（她）们边采吃鲜果边谈情说爱。有些姑娘邀约后生上山帮挖棉花地、黄豆地、蓝靛地，也采用上述方式行事，边劳动边谈情。

门标

小孩出生，未满三天，家人要用禾秆草折成长五六寸，有拳头一般粗的圆束，中间扎一圈红纸，插上鸡翅膀毛。男孩毛尾朝下，女孩毛尾朝上，挂于大门上方。别人一见就知道这家添丁新喜，是男是女。有人病重，家人用禾秆草折成长五六寸，有拳头一般粗的圆束，中间插上柚子树枝叶，挂于大门上方。别人一见就知道这家有人病重，需要清静，没要紧事就不进去打扰。

- ◆ 1.团寨里的“补拉”组织
- ◆ 2.民间自治的侗款组织
- ◆ 3.薪火相传侗歌队
- ◆ 4.“土味”浓厚的侗戏班

第三章 独特的社会组织

1. 团寨里的“补拉”组织

侗族社会“斗”与“补拉”，是父系氏族社会胞族群体内部的组织结构，有这样的社会功能和特征：承担物质生产和人口生产的基本任务，参与政治、军事、文化、公共事业等各种社会活动；其成员有相互保护的义务和职责，以及有财产继承权利、共同操办各种婚丧事务的义务等等。

“补拉”是家族组织，直译为“父亲和儿子”。“补拉”指一个儿女众多的大家庭，包括若干个体家庭，也指同一祖父所生儿子的各个体家庭。有人说：“侗族现存的‘补拉’组织，是远古氏族组织的残余、父系氏族组织的次生形态，是以血缘为核心，以地缘为纽带，以原始民主为机制的组织制度文化。”“补拉”组织在侗族地区每村每寨都存在，“补拉”组织规模小的三四家，大的有十多二十家甚至几十家上百家。“补拉”结构组合形式有三种情况：一是同宗、同房族叔伯间的组合体，这是一种比较纯正单一的“补拉”组织；二是不同房族、不同姓氏，但同吃同样“节季”（节日习俗）的多个住

高定侗寨的鼓楼群，每个鼓楼是由一个“补拉”组织兴建　张清澍　摄

户为了日常办事方便而联合在一起所组成的组织；三是不同宗族、不一样“节季”、同姓或外姓的后来才迁入村寨且户数较少的住户，为了生活习俗上方便和安全考虑等原因，加入到别的姓氏或房族而合为“斗”所形成家族组织。比如，广西三江侗族自治县独峒乡独峒寨现有吴、韦、张、梁、黄、龙、石、杨、覃等12个姓氏，一个姓氏组成一个或多个“补拉”；也有特殊组织形式，如吴姓分有“伍苗”、“伍通”、“伍洋”等五个族支，来自不同的迁徙源区、不同的地方，就没有按照同是一个姓氏组成同一个“补拉”的原则，而是形成各支族“补拉”。当然，不同姓氏的族支由于地缘等原因也可以合为“斗”组成“补拉”组织。

独峒寨吴姓中的“伍苗”支系房族组织现有110多户。110户中又分作四支，也就是说，分为四“斗”，其中一“斗”是60多户，另外三“斗”各有20多户。平时逢到的红白喜事，都是自己做自己的，独立完成。吴姓中的“伍通”支系房族组织目前有40多户，组成一“斗”。他们是从八江河马胖寨迁移过来。那么，余姓先祖是进“省”最早的人家，与苗家人一起进驻和开发苗江

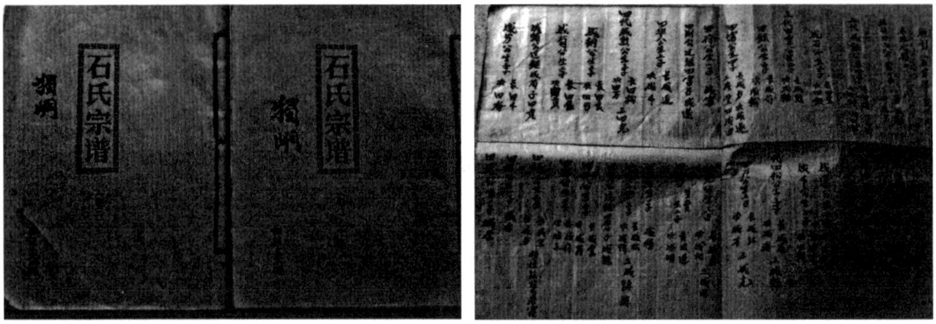

宗族族谱。修族谱是侗族民间社会“补拉”组织一项极为重要的文化活动

河（流域）。但是，余姓人家在独峒寨没有繁衍下来，至今已经消失。

韦姓分为“韦大”和“韦玛”两个支系：“韦大”是从八江河的三团寨迁来，是继余姓人家之后来到苗江河流域谋生的，现在有十几户，是一“斗”；“韦玛”是从斗江那边迁来的，到今天也是十多户这样。两“斗”似乎互不关联，当然，也不通婚。

独峒寨的杨姓分为三支系：一是“初一”杨家，也就是吃“初一”冬节的杨家，称呼父亲为“补”，大概有六七户这样吧。他们跟十几户吴姓人家合为一“斗”；二是“杨壬”，吃“霜冻”冬节，就是把进入农历十一月第一个壬日这一天当作他们的“节季”。他们叫父亲为“亚”，大概有二三十十户了，他们是一“斗”；三是“杨样”，叫父亲为“补”，有五六户，不成“斗”，现在都各自加入别的“斗”去了。其中有两户合“杨壬”为“斗”，两户合吴姓“伍通”支系为“斗”，另有两户很不稳定的。其中原因是他们在合“斗”时讲求地域方位性，往往是“（房屋所在片区）近谁跟谁”。寨上有一杨家（杨永生），原为上吾村人，其父为县干部到独峒乡工作，后来就在独峒定居下来，其妻荣氏为文大六甲人。开始，他家在独峒寨这边的时候与“杨壬”杨家合“斗”，后来搬房子到对面村牙寨的时候，为了加入牙寨杨家“斗”组织，就宴请了那里“初一”杨家所有住户老少，算是一个形式吧。

这就是侗族“团寨”里的“补拉”房族组织。

2. 民间自治的侗款组织

侗款组织的“款”字，不是我们买东西时候掏钱付款的“款”，而是用这个汉字音来记侗语词的读音。侗款文化是侗族文化体系当中较为核心的文化构成支系，侗款组织是侗族古代社会最重要的组织形式，它融合原始的民间自治和民间自卫组织形式，对侗族社会的影响深远。

侗款组织是侗族对历史上其民族中一种民主自治组织的称呼，是一种村寨与村寨之间通过杀牛祭祀、竖碑立约而建立起来的联盟或结盟组织。对内，通过共同的立法实行民主自治；对外，共同抵抗入侵之敌。款组

至今尚存立于三江马胖鼓楼坪的《永定规碑》，清光绪元年（1875年）立

织有自己的层次结构，有小款、中款、大款或扩大款之分。小款是由邻近的几个自然村寨组成，凡牵连到寨与寨之间的民事纠纷或重大案件，一般都由小款组织出面解决；中款组织由数个小款联合而成，有固定的活动场所——款坪。其规模有3000-5000户人家，一般以水域或河段划分地域范围。大款组织由邻近的若干个中款组织联成，还可以联成扩大款组织。大款组织或扩大款组织都是在特定的地域范围和活动场所，一般是在民族利益受到严重侵犯，或者在需要改革全民族重要传统习俗的情况下才联合开展活动。

1.2005年，三江县政府投资20余万元，在独峒乡岜团款坪竖起侗族款文化鼻祖贯公、骆郎、飞山公三尊神像和讲款台等
2.岜团款坪讲款台

当然，侗款组织首先是一个自卫组织。它最小的组织细胞是房族即“斗”或“补拉”组织，房族有房族长。几个房族的结合形少成村寨，几个房族长公推一个寨佬来当款首（头人）。款组织有自己的武装，称为款军，它由各村寨的青壮年男子组成，叫款兵或款丁。平时参加生产劳动，战时听从款首指挥自带武器前往战场。在实行民兵制时，这些人同时又是民兵连的战士，现在实行预备兵役制，他们就是预备役制某营连中的一名士兵。

款组织有自己传递信号的方式，计有燃放信炮、传递木牌、击鼓、敲锣等。信炮一般以村寨为单位，每遇紧急情况各村寨要派人提信炮到山上守卡放哨，一旦发现紧急情况即燃放信炮通知邻近村寨前来支援。信炮用生铁铸成，圆形，直径约5厘米，高约15厘米，内装自制土炸药，有一引线伸出信炮下端，点燃引线发出声响传递信息。木牌为一尺长左右的长条状，钉上鸡毛或火炭或辣椒即成，这些象征有紧急情况，需要支援，刻不容缓。木牌一村接一村往下

款组织使用的木炭、鸡毛信

传递。村寨收到木牌后立即击鼓或敲锣聚众并迅速赶往需要求援的村寨。小款以上的层次用此种方式传递求援信息，村寨间多用击鼓、信炮或敲锣为传递信息的方式。款组织有集会场所。

各个层次的款组织其集会的场所是不同的。房族即“斗”和村寨的集会场所为鼓楼坪，小款组织集会的场所为“款坪”，通场设在几个村寨便于集中的地方，其中心有一些石碑等特殊标志，这里是聚款、讲款、起款、断案、盟约的场所。款组织有款约。款约是指对款组织的约定，因此通常被称为约法款。款约中有的内容在当今的侗族社会中已被遗弃或淡化，有的内容则仍被人们沿用。

侗款有着悠久的历史，在侗族社会生活中占有重要的位置。从前，侗族地区的社会基层组织，就叫做“款”，各款每年要举行盛大的讲款仪式，宣讲款约。在侗族的日常活动如“月也”，讲款也总是被放在首位，先讲款，后开展别的文娱活动。现在，在侗族的一些社交活动中，仍然保留了在举行宴会和开展文娱活动之前先要讲款的遗风。

3. 薪火相传侗歌队

侗族，是一个爱唱歌的民族，以“会唱歌”、“会歌多”为荣，千百年来延续着的特殊传歌习俗，形成了一整套严格、有序而完整的侗歌传承系统。侗家孩子在正式学歌以前要有五六年的听歌经历，之后跟随歌师在歌班学习，歌班主要以歌队为单位，歌队多以同村、同性、同岁、同辈组建，分为儿童歌队、少年歌队、青年歌队、中年歌队和老年歌队等。在歌队里对侗族大歌进行训练，并参加各种类型的对歌和演唱，在不同场合和各种竞争中磨练唱歌技巧。也就是说，侗寨里的歌队是由歌师和歌手两部分人员构成。歌队里的灵魂人物是歌师，歌师专门编歌和教歌，是公认的本族文化人，有特殊的威望和权力。歌手分男女两部分，男歌手主唱重低音，女歌手主唱倍高音、高音和装饰音。

农闲时节和春节期间是唱歌的高峰时节，也是族内歌班的训练和村中族群较量大好时光。唱歌胜负直接体现了同一宗族人在村中的地位，因此唱歌是每个族人高度重视的大事。每年的农历八月十五是侗族大歌比赛的时间，通常都

1.2008年10月5日，三江高秀中心鼓楼竣工庆典，寨上的老年歌队在新鼓楼门口围圈唱起祭萨歌

2.由侗歌队组成的队伍参加乡镇文化活动　岑旁村网易博客　提供

3.八江歌师杨艳銮等人在堂屋内练歌

是寨内间的互比，也有它寨到另一寨来参与的，歌队多的话，一般要比好几天。

“月也”是一种村与村、寨与寨、族姓与族姓间集体走访做客的最为隆重的社交活动，是侗家人以独特的方式展示和传承自己文化的活动。老人以访友叙旧、听歌唱歌为主要活动内容；年轻人以歌会友、以歌传情、以歌寻伴为己任；小孩则以学歌为主要目的参加活动。对歌，是大歌传承中极为重要的一环，歌手通过对歌提高了唱歌兴趣、增加大歌曲目并提高演唱和对答的技巧。正是这样的良性竞争机制和生生不息的歌俗，使侗歌得以世代相传。

“不种田地无法把命来养活，不唱山歌日子怎么过。饭养身子歌养心，活路要做也要唱山歌。”侗族人民视歌为宝，认为歌就是知识，就是文化。在侗族地区，歌师是被社会所公认的侗歌会唱得最多的人，谁掌握的歌多，谁就是最有知识、最懂道理的人，因而非常受侗人的尊重。由于侗族没有文字，侗族大歌无疑在历史上也就没有文字记谱。在侗乡，自古至今歌师传歌、教歌都是口传心授，没有乐谱，人们学歌也只能是心记、多练唱。侗族祖先们就在每一个发展的历史单元进行了不断地再创造，有声无形地一代一代口头传承下来。38岁的歌师梁军能，从小在鼓楼下和老人们学习唱歌，他深知这其中的艰辛，为此，他努力学习了音乐知识，而后将老一辈们传唱的歌曲用谱子记录下来。他自信：“侗歌不仅要在侗族人中传唱，我们还要把它唱给所有人听，唱给世界听，希望有一天，大家虽然不会讲侗语，但是却能哼唱旋律。”

（粟周榕、宋冰）

4. “土味”浓厚的侗戏班

在侗乡，每年秋收以后，寨子里都要组织临时性的侗戏表演队，俗称“戏班”。在农闲或者过年过节时，组织文艺队唱戏，进行对外联谊与交流，进行“月也”活动。在农忙时，戏班的组织性就自行失效。

侗戏班常以自然村寨为单位组建，小的村寨通常是一个村寨一个戏班，大的村寨则以族姓或鼓楼为单位建立戏班。

侗戏班的基本建制是由掌簿师傅、演员和乐队等三部分人组成。走寨演出时，由于在每场戏演出前都要设坛请师，因此有的戏班还包括一名寨佬或一员鬼师。戏班里的掌簿师傅，侗语称为“张意”，即“戏师”。他是戏班的主持领导者，又是戏班里的导演。侗戏的戏师大多数是父子相传或师徒相传。他们往往是一个村寨或一个家族中文化知识较高的人，能用汉字记录侗语，抄写和记录自己创作的侗戏剧本，根据剧本教戏和提词。也有一些戏师是不识汉字的文盲，但他们能凭借自己良好的天资，口传心记，也能自编自导剧本，提示

台词。有声望的戏师也和歌师一样，在农闲时常被邀请至各地教戏，很受人们的崇敬。戏师必须有较高的演技，方能给演员传授技艺。侗戏班里的戏师年龄都在中年以上，大都是演员出身。侗族的戏师往往也是歌师，他们能编戏也能编歌。只有会编歌的人才会编戏，才能深刻理解剧情，理解剧中人物的思想感情，才能当导演。

戏师有三个任务：一是掌握剧本，给演员讲解所演剧目的剧情，介绍剧中每个人物的年龄、性别，所担任的职责和性格等；二是安排演员，根据自己对剧中人物构思设想选择合适的演员，安排什么人担任什么角色；三是安排出场顺序和指示舞台调度。戏师通常坐在舞台中间靠里处，多侧重在乐队一方，这

三江县良口乡和里村三王宫里的戏台上的侗戏表演　龙　涛　摄

样，他可以向台上的演员提示台词和提示动作，又可以指挥在后台候场的演员出场，还可以指挥乐队开始或停止奏乐等。

侗戏班里的演员，通常由一个鼓楼或一个家族中的中青年男子所组成。在中华人民共和国成立以前，女子是不得参加戏班唱戏的，戏里的女性角色也由男性扮演。这种习俗与侗族传统的社交习俗有关。按侗族的习俗规定，只有男子才结伴走寨，女子只能是在本寨或本鼓楼结成“姑娘堂”守候。另外还规定，兄妹是不能扮演夫妻的，而同一个家族或鼓楼里的青年男女又大都是兄弟姊妹，因此女子被排除在唱戏之外。从某种程度上来说，侗族的唱戏活动是男子结伴走寨与不同开亲对象的姑娘行歌坐夜的另一种形式。事实也正是如此，

唱侗戏　梁克川　摄

戏班演戏往往在白天演出，到了夜里，演员们便到姑娘堂同姑娘们唱歌作乐。

戏班的人数没有固定编制，往往视一个村寨、一个鼓楼或一个家族里中青年男子的多少而定，从十余人到二三十人不等，均自愿报名参加。因为戏班是代表一个村寨或鼓楼的，有无演出和演出的好坏，直接关系到一个村寨的名誉。所以，自信心强、有竞争意识又有艺术爱好的青年人都愿意参加，并且一经组织起来，就不易拆散。而且活动的时间都比较长，它不像女性歌班那样领头者或大部分队员结婚后就自行解散。戏班的演员一般要求不高，只要五官端正或无生理缺陷，嗓子较好能出众者即可。演员也不是专门固定的职业，可随时替换。

戏班里除了戏师和演员外，还要有一个由三五人组成的小乐队。乐器有胡琴、“果吉”琴、锣、鼓、钹等。乐队队员也是演员，他们除了演奏乐器外，有时还要担任角色上台演出，有的还能自制乐器。乐队成员兼做的工作很多，被人们誉为戏班里“多才多艺”的人。每个侗戏班都有自己的班名和班规。如

“顺和班”、“义和班”、“忠诚班”、“某某寨戏班”等。有的戏班为了明确展示自己的名称，用红布或红缎制成班旗，旗上宣出队名。外出演出时执旗上路，演出时插于舞台一侧，让人观看。另外，戏班里的班规要求队员共同遵守。班规内容大致有：作风正派、不赌博、不做坏事；按时参加排练和演出；轮流为戏班提供照明或柴火；服从戏师分配角色等等。

唱侗戏的时候是很热闹的。吃罢晚饭，听到锣鼓敲响后，人们手持灯笼、火把、板凳，扶老携幼，纷纷走出家门，向戏台的公坪里云集。欢呼声、议论声挤满公坪，就像春天田野里的一片蛙声，喧嚣而热闹。侗戏开演前，戏师先行祭祀，再演一场“魁星点斗”戏封台、辟邪。然后侗戏才正式开始。此时，除台上的演员唱戏声、台边的乐器声外，四周一片寂静。年少的，为表演而入迷；年老的，随剧情的发展而与演员一道同喜、同悲，进入角色。戏演出到一半，寨子里的姑娘、妇女纷纷上台献上侗布、侗锦或者红包。这既是对演员演出辛劳的慰问，也是在向戏台下人们展示自己热心公益、显示自己富有和心灵手巧。

（欧俊娇 李根扁 吴文志）

侗族

第四章

多样的饮食习俗

1. 精神盛宴油茶会

“哆协”，汉语翻译通常称为“打油茶”，是侗族特有的一种饮食习惯，更是侗家人进行社会交往的惯常方式，被称为“精神会餐”。打油茶有形式和内容上的两重意义：一是表面形式，以侗家茶叶特制的油茶汤，配阴米、花生、葱花、虾米等作料，色、香、味独特；二是精神内核，传统侗家日常生活中，通过打油茶，邻里之间在一起交谈，拉家常，侃农事，进行心灵会餐，精神盛宴。如今，社会上特别是旅游业兴起背景下人们对侗族打油茶习俗的认识，往往停留于打油茶物质形式层面上的理解，比如打听侗家油茶是怎么吃、什么料好吃等等，而忽略打油茶真正的民俗文化内核——精神会餐。

侗家姑娘们上山采来鲜茶叶，放在锅里蒸或者煮黄，取出来沥干水分，加入少许米汤揉搓后用明火烤干，装入竹篓，吊挂于灶塘上熏烤。打油茶的制作颇为讲究，极富特色：先将阴干的糯米饭粒（侗家叫阴米）用茶油炸成米花，

1.打油茶
2.油炸好的阴米　胡雪梅　摄
3.放阴米、花生等佐料的油茶　胡雪梅　摄

然后再用茶油爆炒少量米粒，接着放入大茶叶一起翻炒，最后加适量的热水煮开后沥出茶汤。茶汤盛碗后放入事先准备好的米花、炒黄豆、花生米、葱花等油茶的基本作料。现在人们生活好了，油茶的配料也丰富了，还可以加入如猪肝、粉肠、虾米、汤圆、糍粑等，油茶变成了多味美食。逢年过节，侗家人往往一边品尝油茶，一边赛歌。

火塘边、堂屋里是吃油茶的地方，也是侗家妇女、青年、老人们聚会、议事、谈心、娱乐的场所。平时家里来了客人，必定先打油茶招待，这是热情招待客人的礼节。打油茶有不同的规矩，可以分为小、中、大三种油茶会。

小型油茶会，一般是几户亲家或房族本家在大年初一的小聚会。这种油茶会约有一二十人参加。每年大年初一早晨，几家轮流到各个亲家吃油茶，谈谈笑笑，互祝新年愉快，五谷丰登，六畜兴旺。

中型油茶会，大都是娶新媳、嫁女儿、生小孩、进新屋的主人请客人吃油茶，或者是木匠师傅、芦笙师傅、歌师、戏师从外地干活、传艺回来，带回别人送给的糯米粑粑，他们就请朋友来喝茶油。这种油茶是祝贺主人娶得巧媳妇、嫁得好女婿、生个聪明娃仔、进新屋得个好时辰，或者是祝贺师傅光荣归来。这种油茶会一般有三四十人参加。

大型茶油会，是为全寨男女青年聚会、议事、娱乐时举行的，或者是为寨与寨之间的男女青年间交际时举行的。比如，某一寨的男女青年要到另一寨去“月也”（即集体作客），为了商议准备事项而举行的油茶会，就是大型油茶会。在吃油茶当中，大家决定去住多久，商议赛歌和赛芦笙的战略战术等。或是“月也”回来，对方送来糯米粑粑，就要举行全寨油茶聚会，庆贺这次“月也”成功。这种油茶会的规模可达到一百多人。

每逢农历二月春社，侗家男女青年举行艾叶粑粑油茶会，那一天男女青年上山找来艾叶舂成浆，再伴糯米舂成块，最后放在锅里烙成饼。这种粑粑的味道清甜香嫩。虾子鱼仔油茶会，一般是在农历四月初八举行。这一天，男女成群结队进田里或沟渠里捞虾，晚上就举行盛大的油茶会。进餐时，一边赛歌一边吃虾子油茶，使人们得到一种美好的享受。总之，侗家的“哆协”打油茶，内容丰富、形式多样，不胜枚举。

2. 食鱼花样多

侗族地处亚热带潮湿地区，为了应对高温潮湿气候，侗家人在保存食物方面除了腌制酸鱼外，对其他食物的储存也采用了制酸的方法。不论是猪肉、鸭肉、鱼肉，还是白菜、萝卜、芋头、生姜、辣椒，统统都可以制成酸菜，因此也就有了“侗不离酸”的说法。

侗族村民食鱼的方法多种多样。在有的侗寨，村民还有一个特别的节日叫“鱼节”。节前，村民到鱼塘、稻田或溪河里捕捞鲜鱼，剖腹洗净，放在火上烤干，再用糯饭填塞鱼腹，用禾秆草把鱼颈扎紧，蒸熟后祭祀祖先神灵，然后才用来佐餐。以饭粒充满鱼腹，表示冬季鱼腹多蛋，意味着明年鱼儿会丰收。

烧鱼是侗家人喜食的一种菜肴。烧鱼多在山上田间地头所制的即取即食的食品，尤其在秋季收禾的时节最盛行吃烧鱼。其制法有两种：一种是以竹签穿活鱼在暗火上慢慢地烘烤，以内脏熟透外鳞深黄为佳；一种是将鱼儿置于茅草中，

侗乡现代都市里的鱼图像

以火烧到一定程度取出，有股茅草香味。烧鱼烤熟后有三种吃法：一是辣蘸吃法，即以烤辣椒和盐捣溶，加葱蒜、荽须以及山中一些可食用的山野菜，掺水拌成辣酱，然后以鱼蘸辣酱食之。二是拌食方法，拌食法又分辣拌食和酸拌食两种。辣拌食是将烧鱼捣碎拌入“辣蘸吃法”中的辣酱即成。酸拌食是用酸广菜（一种芋头秆）汤加上各种作料制成酸酱，然后把鱼捣碎，置于酸酱拌和而成。

煮酸鱼，侗语称为“霸抗”。煮酸鱼用的是侗家特制的一种酸水，再加进一些西红柿、辣酱等。用这种酸水煮的酸鱼特别可口。如果把用这种酸汤煮过的鱼，再拿来烤干制成干鱼，到吃的时候再放到锅里加作料爆炒，其味道更佳。吃这种煮酸鱼，可增加食欲，促进消化，尤其是胃口不好的病人，最喜欢吃这种酸鱼。因此，在村民里流传有“家有万担，莫拿酸鱼来下饭”的谚语。说是煮酸鱼送饭，口味特别好，饭量大增，即使有很多田地人家，这样吃下去，也会把粮食吃光的。

由于酸鱼成为侗族村民的上等菜肴，每每都以家里自酿的糯米酒相伴。饮到酣时，人们不禁要唱赞美“酸鱼”的酒歌：“怎样砌得好鱼塘？哪里买来好鱼秧？怎样养得肥又大？怎样腌得醇又香？”答唱：“两手勤，好鱼塘；两肩勤挑，

1.祭祀时用的腌酸草鱼
2.餐桌上的酸鱼　胡雪梅　摄
3.当作礼品送礼的酸草鱼

走衡阳。嫩草勤割鱼肥大，糯米腌来醇又香。”

吃“生鱼”，侗语叫“霸兔”，通常也叫“打生鱼”。打生鱼一般是用草鱼或两斤以上的鲤鱼。每年农历八月十五，侗寨家家户户开塘收草鱼时，要选最大的一至二尾，每尾六七斤或十来斤的草鱼来做“生鱼”。先将活草鱼洗净，刮去鱼鳞，破腹取出内脏，用钳子夹去鱼刺，去除鱼头和鱼尾，将鱼身之肉切成薄片，然后一片一片地放在簸箕或筛子里。食用时，先用细盐把鱼片拌匀，再加上香草、生姜、辣蓼粉等，然后放入酸青菜泡制的酸水或家酿的米醋拌匀，再放入炒熟了的玉米粉、黄豆粉、芝麻粉等拌和而成。“生鱼”的味道微酸、清香，多吃不腻，是宴请宾客的上等菜肴。

煎鱼汤，侗语叫“占更霸”。这是处理鱼肠和鱼蛋（鱼卵）的办法。因为在侗寨每年秋收季节，都要开塘取草鱼和放田捉鲤鱼。每户要收上百斤的鱼，除用一两条草鱼打生鱼外，其余的都要一次性制成酸草鱼和酸鲤鱼。由于一次性处理这么多的鱼，自然就有大量的鱼肠和鱼蛋要处理。为了处理好鱼肠，村民在开塘前一两天，割一些使鱼拉肚子的青草去喂鱼，以使鱼把沉积在鱼肠里的废物排除，以清鱼肠。在清理鱼肠时，在鱼肠的上端插上一根小竹管，从管内灌水，用口吹气，就可以把鱼肠里的废物吹洗干净。烹调鱼肠有两种办法，其一是把吹洗干净的鱼肠放到油锅里炸，这样鱼肠里的鱼油也被炸出来了，把锅里的油舀出，放入鱼香、生姜等作料干炒，香味四溢，使人嘴馋。其二是将鱼肠和鱼蛋切碎，放入大锅里焖炒，再加入大量的水进行焖煮，边焖边放入糯米粉，同时还要不断地搅拌，以防黏底烧糊，这就制成了“鱼肠蛋稀饭”。在食用时再放上一些香草等佐料，喝起来味道极佳，难以停嘴。

河水煮活鱼，一般是排工的食鱼方法。先将鲜活的鱼如青鱼、崖鱼、箭鱼、桂鱼等洗净切块，倒进三脚架上的铁锅里，然后舀进几瓢河水，放上一些盐巴，烧上一把火，滚上几滚，不需什么佐料，味道也是很鲜美的。因为这些鱼质上乘，鱼肉鲜嫩，加上河水没有污染，水甜水清。坐在长长的木排上任其河水漂流，边吃边饮，其味无穷，其乐无穷。

（罗康隆、谭卫华）

3. 香浓多样的糯食

侗族居住区地处高寒山地，田地多为冷水田、烂泥田，适合糯谷生长。种植的糯谷有香糯、珍珠糯，“够都”糯等。这些糯谷油分重、香味浓、糯性强，美味可口，素来就有“一家为炊全寨香，一亩香糯十里香”的美称。因此，传统社会中，侗家人以糯米为主食，人们对糯米饭的做法很讲究。晚上将糯米置于木桶内，用冷水浸泡；第二天早上捞起沥干，盛入饭甑（木制蒸笼），用火蒸煮。蒸熟的糯米饭不烂不焦，粒粒白似珍珠，气味香浓，用“玻”（即用干白瓜制成的容器）盛，可保温、保鲜。

侗家人日常对糯米需求量很大，除食用外，逢年过节、吉庆喜事还用糯米制做成各种食品；走亲访友、看望老人，也要携带糯米当做馈赠礼品；待客、祭祖以糯米饭及糯米制品为上品。糯米的用途广泛，一是糯米饭可打成糍粑，是逢年过节，吉庆喜事的必备食品。糯米饭还可晾干制成“阴米”，作为打油

1.在田里剪糯禾　岑旁村网易博客　提供
2.挑回从田里剪回来的糯禾把
3.侗家姑娘在晒糯禾
4.盛糯米饭的“玻”
5.糍粑

茶的主料。二是用糯米酿制成糯米酒、“重阳酒”，气香味醇，“侗家糯米酒，香醇永不朽，喝上一二碗，醉也不上头”。糯米饭还可酿制甜酒，农忙季节，劳动之余，喝两碗兑着清凉泉水的甜酒，可消除疲劳，抖擞精神。三是糯米可作各种菜肴的作料，尤其是在腌制酸肉时少不了糯米。用糯米作佐料腌制的酸鸭、酸鱼、酸猪肉等，味美香醇。

侗家除了平时食用糯米饭外，婚丧节日也离不开各种糯食。男女青年谈情说爱，也通过“讨扁米”（即未完全成熟的糯禾卷出的米）的形式相互结识，

2

3

再通过对唱情歌，培养好感情后，姑娘就把舂好的十二对糯米粑裹上芝麻送给自己的心上人，以此表示一年十二个月相思不断。出嫁前的头一天，姑娘还要做十二对“离娘粑”，以感谢父母养育之恩。侗家人建房屋时，都要做枪粑和稻粑糖，将两个石磨般大的枪粑从屋顶抛下，主人用筛子接住，一个送给木匠师傅，另一个留给自己；稻粑糖从屋梁两头撒下，让父老乡亲哄抢，象征吉祥幸福。侗族人多数居住在亚热带气候的黔、桂、湘、鄂一带，他们家家户户都有蒸米饭的甑子，人们将蒸熟的糯米饭盛在竹筛或木盆里，旁边放一盆清水，供就餐时洗手、润手，以免饭粒黏在手上，接着他们将饭团成拳头大小的圆团，边团边食，不用碗筷。

随着侗家人生活水平的不断提高和生活方式的日渐现代化，糯食的制作方式也在现代化。比如过年过节时蒸好糯米饭去制作糍粑，传统社会用人力捶打，如今已经开始用电动机械力来完成。

4. 侗不离酸

“侗不离酸”，酷爱酸制品是侗族由来已久的饮食习性。酸种类有荤酸、素酸和煮酸。

荤酸

荤酸是指用木桶腌制成的咸酸品，如猪肉酸、鸭酸、草鱼酸、鲤鱼酸、鱼蛋酸等肉类腌制的酸品。腌制荤酸的方法是：用清水把肉洗干净，然后均匀搓盐，沤放两三天，待盐溶化，浸入肉里后捞起，晾干，用糯米甜酒糟或糯米饭（有的用糯米粉）精拌细抹，使糯饭的黏液粘满肉品外面，然后放进酸桶。将剩下（或有意留下一部分）的酒糟或糯饭，铺盖在肉品上，再用楠竹笋壳盖上几层，然后压上几十斤重的石头（鹅卵石），将肉品压紧下沉至盐水面以下，以隔绝空气。用木桶（大桶）腌制的荤酸品，保存时间长，猪、鸭肉可保存五到十年，鱼类，特别是草鱼，可保存二三十年。用这种方法腌制的鱼肉，醇香

1.餐桌上的酸鱼
2.在火炭上直接烤的酸鸭肉片，烤肉时的烟气飘出窗外，飘香大半个寨子
3.餐桌上的酸萝卜、酸蕨菜、酸菜、酸鱼及竹签猪肉串

岑旁村网易博客　提供

扑鼻、质地结实、肉色红润。荤酸是待客送礼、红白喜事宴请的最上品。

素酸

素酸是指青菜酸、白菜酸、蕨菜酸、萝卜酸、豆角酸、黄瓜酸、辣椒酸、姜酸、笋酸等腌制品。素酸一般用陶坛腌制，方法较简单：将瓜菜等洗干净，晾晒至六七成干，然后用开水烫泡，再滤干，拌少许盐，沤好，拌上糯米稀粥，把其绞成拳头大小的一把（每把剪来约有一碗菜，方便食用），放到坛里，不紧压，不装满（以防发酵溢出），加盖并放坛沿水。半个月后便可取来食用。腌菜酸是所有腌制品中唯一的淡酸，食用时放少许茶油和盐拌均，酸味更加香醇。

煮酸

煮酸是指用酸水“干”煮的菜肴。侗家自制的酸水不同于一般的醋酸，侗家的酸水，有股糯香。侗家人每家每户都会有一只能装六七斤水的瓦瓮，侗语称“瓮干”，常年四季放在火塘边，每天倒入干净的淘洗糯米水，用火烘烤使其保持一定的温度，这样便可酿成酸水。这种酸水带有糯米的香甜味。用酸水煮的鱼，叫“抗霸”，煮菜叫“抗麻”。“抗”的煮法也很讲究，如煮鱼酸，得把鱼破开，掏出内脏，洗净，先用少许清水煮沸，然后注入酸水，待煮沸再加入一次酸水，再煮沸后放上辣椒、紫苏、薄荷等作料，盖好，焖十至十五分钟后即可食用，味道醇香可口，是侗家上等菜肴之一。独峒人有“糯饭煮鱼酸汤，一餐可吃一斤米”的说法。

煮菜酸，一般用青菜、白菜、竹笋、蕨菜、山菌等来煮。将菜洗干净，放进锅里，注些清水，加一把糯米，煮半个小时左右，待水快干和糯米膨胀时，加入酸水，放盐，然后煮沸，即可食用。

侗不离酸，无酸不成宴，无酸不成礼，无酸不成俗。比如：

婚俗不离酸：新娘过门三天后，回门时要送礼。这回门礼除送酒、肉外，要备上数十斤酸鱼，酬谢亲友。办婚事用了多少钱人们不大议论，人们关注的是用了几条陈年酸草鱼才是最重要的。与此同时，办婚事时，亲戚送礼一般是送一坛米、一坛酒，外加一尾酸草鱼或是一只酸鸭，这也是最重要的礼俗。

育俗不离酸：小孩生下来的第三天做“三朝”（诞生礼俗）就离不开酸。按礼俗，客人备礼来了，头餐吃主人家的饭，第二餐就要吃外婆家的“外婆饭”。这天，外婆率浩浩荡荡的队伍赴“三朝宴”，打头阵的就是挑酸鱼、酸肉的外婆们。外婆家的队伍到了婆家，及时把外婆家送去的酸鱼、酸肉切成块，用竹片串起来，一串串地除了赠送亲友，还分头送给寨上或路过的相识和不相识老人们，一是以示家婆家添丁增口有大喜事，二是炫耀外婆家的人勤勉和富有。

丧俗不离酸：老人逝世后，举行“三餐酸奠”：第一餐，备一尾大的酸草鱼祭在灵前，以悼念逝者辛勤的一生；第二餐，亲戚们为老人挖墓穴，要在坟地吃餐饭，以酸草鱼敬神，叫“坟地酸礼”；第三餐，安葬后第三天亲戚到新墓前祭奠，以酸祭品为隆重的标志。

“月也”待客不离酸：侗家好客，平常招待客人不离酸，“月也”（集体作客）待客更不离酸。侗乡“团寨”的俗规，“月也”一般进行一至三天，长的五七天甚至半个月。“月也”结束那天，在鼓楼坪上摆长桌会餐。这餐由主寨各家各户提篮子盛佳肴会集“腊也”（即“百家宴”），篮子里的佳肴必须备办酸味、酒、肉、糯饭，尤其是酸草鱼、酸鲤鱼不能少。吃罢客人走时，主人用禾秆草包上大包糯米饭和酸鱼、酸肉赠给客人，以示亲热和友谊长存。

5. 艾粑粑飘香

到过侗乡的人或许都品尝过侗家的特色食品——酸鱼、酸肉、米酒、糯米饭。然而，做艾粑粑不仅是侗乡每年清明前后的风俗习惯，艾粑粑也成为当地的一种特色食品。每到清明时节，侗乡的村村寨寨里，都能闻到弥漫在乡间的这种淡淡的艾粑粑香味。

春雨如酥，万物悄然间滋长，展现出一派盎然的生机。郊外绿意横坡的野地里，到处都长着一种深绿色、叶背有白毛的野草，摘几片叶子放在手心里揉搓，会散发出一股淡淡的清香气。这种野草就是艾草，嫩叶可以食用，或者制成驱蚊用的艾绳。不少地方的人都用来制作“青团”，俗称艾粑粑。

艾粑粑的主要原料是艾草。艾草是一种多年生草本植物，叶子有香气，花黄，主要生长在旱田里和平缓的山地上，清明前侗族妇女总是成群结队上山采摘艾草。当地人介绍说，制作艾粑粑主要分三大步骤。首先，艾草采摘回来后，先用水浸泡、洗净，然后放到石碓里舂碎。村民介绍说，舂艾草这个环节

1.采回来的艾蒿草　网友“逗孩子”　摄
2.野生艾草
3.男女青年一起舂碓，挤除艾蒿叶汁　胡雪梅　摄
4.用油煎的艾粑粑　胡雪梅　摄

很重要，艾粑粑的香嫩可口就有赖于这一环节的加工。然后，艾草经过石碓上下舂打后由条型变成泥团后，再掺入糯米粉并舂匀，让艾泥团与糯米粉充分混合。最后，炒艾粑粑。这道程序很讲究，先放茶油，油微热后，放入艾粑粑，用温火慢慢翻炒，使之受火均匀，炒熟后就可以出锅了。 做好的艾粑粑入口香甜可口，越嚼越香，给人清凉舒胃的感觉，是深受妇女和孩子们喜爱的一种食品。

每年到了清明时分，不少人在前往郊外扫墓祭祖时，就会顺便采上一些艾，拿回家做粑粑。在蒙蒙春雨中品尝流溢着艾草清香的艾粑粑，那种感觉，就像是在回味青涩的初恋，心也不由变得湿润柔软起来。纷飞的迷离烟雨，仿佛也具有了一种无法言喻的缠绵情思……

◆ 1.侗家年俗
◆ 2.民族融合的奇特画卷：富禄花炮节
◆ 3.祭奠英雄的三王节
◆ 4.祈祷丰收吃新节
◆ 5.吹起芦笙跳起舞
◆ 6.热闹南瓜仗

第五章 缤纷的岁时节庆

1.

侗家年俗

每年农历十二月二十七日到第二年正月初八，是侗寨最为热闹的时候。十二月二十七日这天，青年男女们上山挑选直径为三到四寸的枫木树、金刚树来做“萨随”（冲糯米糍粑的冲锥）和“美雀昂”（放在火塘坑上）。中年男子则拆下家中的舂碓，准备封碓。中年女子打扫室内外卫生，选颗粒最白最大的糯米准备做糯米糍粑。

杀年猪，用热水褪毛干净后，抬到自家木楼下的小溪边洗净、破膛

农历十二月二十八日，杀大猪，吃“年头”。凡养大猪的农户，都请来房族亲朋帮忙杀大猪。早上天刚亮，寨子里

杀了年猪后，主家请房族亲戚和朋友来“吃抛汤”

到处都是猪的嚎叫声。河边到处都看到杀猪人在烧（侗族习惯用稻草烧猪毛）刮大猪、洗猪肠、砍猪肉。中午时分，主家请房族亲戚吃猪下水和猪头肉，叫“吃抛汤”（即“吃新鲜”）。

农历十二月二十九日，妇女们蒸糯米做糍粑。这一天年轻人最忙活，捶好自家的糍粑，接着捶房族亲朋好友家的糍粑。糍粑捶好后，主家让新媳妇起槽取糍粑，年轻人故意将木捶扭来扭去逗乐，新媳妇难以捋下粘在冲捶上的糍粑，大都被年轻人的恶作剧难住，但机敏的新媳妇却将又热又粘的糍粑粘到捶糍粑人的脸上、鼻尖上，观看的人无不乐开了，跟着“呜呼，呜呼”地欢呼起来。

大年三十晚上各家各户宰鸡、杀鸭、煎鱼、炒肉、焖豆腐，制作丰盛的年夜饭。正月初一早上，各家各户就烧火打油茶，把锅头烧得红红的，放茶油进去滚开，炒茶叶，待茶叶冒出青烟时，倒上一瓢温水，热油锅碰到温水，爆

大年三十，侗家小伙子在自己木楼外墙跟捶糍粑

出悦耳的“咔咔”声，一股浓郁的茶油香味四处溢散，整个村寨都闻到清香的油茶味。“咔咔”声越大，油茶越浓，人们越高兴。人们认为红、热、香俱全是“五谷丰登，六畜兴旺，人寿延年”的好兆头。正月初二到初八，亲戚朋友互相邀请到家中喝新年油茶，吃年饭，给老人、儿童送红包。外公外婆，大舅小舅给外甥、甥女送糍粑，外甥家请族内至亲、叔伯来陪外公、大小舅喝交杯酒、吃团圆饭，加深两亲家的感情。男女青年聚集鼓楼坪“多耶”（唱歌）、对歌。

大年初一祭拜“萨堂”，特别隆重。芦笙队穿上踩堂盛装，吹着芦笙《迎新曲》，寨上男女老少听到芦笙响声后都着节日盛装到鼓楼坪上集中，随着芦笙队到“萨堂”祭拜祖母神，接着跳芦笙舞吹踩堂曲。

大年初二开始走亲访友，直到初八、初九、初十之后，就参加一些“团寨”集体走访活动，如“月也”、唱侗戏、赛芦笙等等，一年到头，所有的努力和准备，大都是为了过年图吉利、图快乐。

2. 民族融合的奇特画卷：富禄花炮节

在三江侗族自治县富禄镇，“抢花炮”已成为最重要的民间自发的体育竞技活动，并被列为广西壮族自治区级非物质文化遗产。富禄镇有三个花炮节：富禄八佰街“二月二”花炮节、富禄“三月三”花炮节、葛亮村“三月二十三”花炮节。其中以“三月三”花炮节规模最大，影响深远。

2010年4月16日，农历三月初三，富禄第126届“三月三”花炮节如期举行。这一天，王仁生起得很早。洗漱完毕，他整整齐齐地穿上一身苗装，然后将胸牌挂上，牌上印着醒目的两个字“炮王”。也就是说，他将是本届花炮节的总裁判。81岁王仁生瘦削如鹤，身手依然矫健。他同时是自治区级非物质文化遗产富禄乡花炮节的代表性传承人，组织花炮节活动已经50多年。

上午8时半，王仁生迈出家门，花炮节活动随即拉开。按习俗，花炮节有“还炮”、“游炮”、“抢炮”、“接炮”、“养炮”等程序，现在有些程序已略为简化。“还炮”仪式，即本届花炮节前夕，凡上届抢得花炮的人家或家

1.花炮节活动，河滩上人山人海的商贸场面　网友“呀啰耶”　摄
2.准备点火开炮的小花铁卷　“呀啰耶”　摄
3.抢花炮活动的“得胜门”　“呀啰耶”　摄
4.抢花炮的激烈场面　岑旁村网易博客　提供

族、村寨，要将花炮送交主持节会的“炮王”以作本届抢炮之用。还炮时，仪式庄重热烈。这在此前已经完成。因此，当天的仪式从祭祀开始。王仁生领着众人，抬三牲、花炮和制作精美的花炮台（也称镜屏，相当于奖杯）前往“三王庙”供奉。但早年庙已毁，王仁生只好与大家一起到其旧址供奉，然后来到新址——花炮陈列馆供奉。王仁生说，通过供奉神灵，花炮便获得神灵的祝福，然后才能举行“抢花炮”活动。

接着，是浩大的游行活动，俗称“游炮”，所有参加花炮节的队伍集结在花炮陈列馆，然后以花炮和三座花炮台起头，选手和各演出队伍随后，依次沿着旧市场、和平街、十字街、富禄墟亭、公路大桥、乡政府门前、人行小桥、大码头，最后到达河滩的主会场，活动正式开始。今年参加富禄“三月三”花炮节活动的队伍来自富禄各村寨，贵州从江及广西融安、融水等地。活动依次上演了芦笙踩堂、侗族大歌、腰鼓舞、侗族琵琶歌、侗族多耶舞、融水梅花桩醒狮表演、大木拉山、梅林的抬官人等节目，多民族联欢，表演和慕名前来的观众多达10万以上，为历届之最。

下午两点半钟，随着炮王一声哨响，压轴戏“抢花炮”开始上演。花炮是一个30厘米的炮仗，有一个马灯架势的炮座，用花草作为保护层，炮座上有一支铁管用来装火药。顶上置放象征幸福的铁圈，铁圈外用红绿线包扎成花环。燃放时以火药铁炮为冲力，把铁圈冲上高空。当铁圈掉下来时，人们便以铁圈为目标，蜂拥争夺。谁能抢到花环成功跑到得胜门并被德高望重的炮王宣布有效即为炮头得主。每次“抢花炮”活动均由三炮组成，现在一般统一为第一炮为“发财炮”，第二为“如意炮”，第三为“添丁炮”。

富禄原来叫福禄，因江得名。根据民国末年所修的《从江县志》，都柳江至民国时期，名福禄江。人称“富禄通”的68岁的张新忠说，当葛亮村已经成为木材聚散地，商贾云集之时，现在的富禄街所在仍是一片梯田，直至葛亮村的一场大火烧得商贾们四散奔逃。大火过后，想重建集市、家园的汉人意识到要避开木材重重堆积的葛亮村，但又不能离得太远。于是，他们选择在葛亮村对河往下一公里的北岸重建，便是现在的富禄街，形成了新的集市，并成为乡镇级别的经济行政文化中心。客家人迁离后，侗族人重新在葛亮村建起了村寨。有趣的是，他们不仅没有推倒天后宫，还精心修缮起来，并沿袭了客家人传统，在农历三月二十三举行花炮节。

花炮节对商家和各民族的意义是显而易见的。毗邻地区的各民族在这一天到来购买农具，交换农副产品和生活必需品。节日期间，人山人海，商机无限。因此，迁到富禄街上的客家人，为吸引客流，他们结合当地“三月三”民俗，推出了富禄“三月三”花炮节。附近的八佰街也进行仿效，推出了“二月二”花炮节。

这就形成了富禄花炮节“三足鼎立”局面，沿袭至今，大大促进了当地商贸集市的发展。

（赵伟翔）

3. 祭奠英雄的三王节

农历六月初六日，是侗族祭祀“三王”或祭祀“飞山神”的传统节日。

据说，“三王”是汉代夜郎王之三子。夜郎王被汉武帝杀死后，群臣推举其第三子为侯，俗称三王。三王在世，多有德政，为侗民所厚爱。他死后，侗民感其德，崇奉他为保护地方神，定期祭之。“飞山神”即杨再思，唐代朗溪人，曾任诚州（今湖南省靖州）、徽州（今湖南省绥宁）刺史，后被封为威远侯、英惠侯。民间相传，古时候杨太公（即杨再思）为叙州北方峒的豪杰，他曾用一把三尺神光飞天宝剑，打败潘太虎、杨神雷、姜士奇等三位豪杰，被推为大哥，成为一方霸主。后来，居住在飞山峒的峒主潘大虎为了帮助广大侗民因灾荒造成生活上的困苦，率众攻打武岗州，欲劫官府银库以济荒民。不料惊怒了朝廷，马王爷派遣吕细鸿带领官兵偷袭飞山峒，侗民虽奋起抗击，终因寡不敌众，大批侗民惨遭杀戮，首领潘大虎、杨神雷也先后遇难。杨太公闻迅，立即率兵赶来营救，经过浴血奋战，赶走了官兵，而后又帮助他们恢复生产，

良口三王宫弑牛祭祀

在侗寨，人们每逢年节都会在飞山宫举行祭拜活动

重建家园，使飞山峒的人口不断增加，人们过着美好安定的生活。侗民感其恩德，在他死后便建庙塑像纪念，

在侗寨，人们每逢年节都会在飞山宫举行祭拜活动，并崇奉杨太公为地方保护神，俗称“飞山神”，特定农历六月初六为大祭日，而且凡遇旱涝、疽疫等灾害，亦杀猪宰羊，隆重地进行祭祀，祈之禳灾除害，祛凶降福。

4. 祈祷丰收吃新节

吃新节是侗族古老的传统节日，亦称“新米节”，盛行侗乡。各地吃新节的时间和仪式不尽相同。有些村寨以小暑后的第一个“卯”日为吃新节，有些则在农历七月“寅”或“卯”日举行尝新仪式，还有此分别在农历六月初和稻谷成熟后过两次举行吃新节。

侗族吃新节，祭祖祈祷丰收是重要内容。有这样的传说：

很早以前，侗族的祖先原住在广西梧州、浔江一带。那里“田在高，水在低”，自然环境恶劣，加之人多田地少，生活非常艰辛。为了生存，侗族祖公决定迁徙。他们沿着都柳江逆水而上，翻山越岭，来到个二岔河口，不知该走哪条路，就默默地向祖先祷告，然后向天空抛出自己的拐棍，拐棍落地后，拐棍尖指着中间那条路，祖公们就从这条路往前走。于是来到了黔、桂、湘三省（区）相互毗邻的地带，开荒造田，结果一派丰收之景。人们喜笑颜开，都说这是祖先引

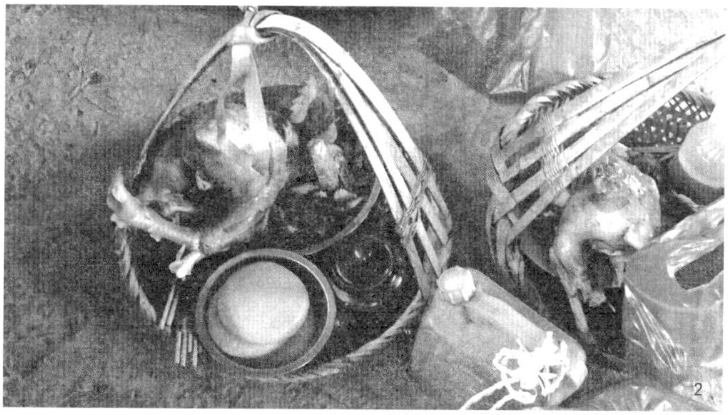

1.祭祖用的祭品、香纸等
2.祭祖祭品

来的好地方。因此，吃新节这天，每家每户到稻田里摘取谷穗三颗，象征当年的新谷，开田捕捉当年放养的鲜鲤鱼，并备好祖先爱吃的糯米饭、鸡鸭肉以及蔬菜等，祭告祖先，请祖先回来尝新。然后，家人面朝东方，一一尝新，共享丰收的喜悦，祈望祖先保佑当年粮食获得丰收。

有的地方把吃新节称为“打半”，意即年过一半，农活完成一半，过节庆贺一番。举节时间定在下半年的第一天，即农历七月初一。

有的地方称为“帕末”（即尝新之意）或“新禾节”，举节时间在农历六月初六。

据说，侗族吃新节的日期不同，是由于其祖先兄弟几人分徙各地居住后，各地气候冷暖不同、谷熟有先后所致。届时，有一些稻谷已经成熟，家家户户到田间剪来新谷穗，去壳取米；若没有成熟的稻谷，则取刚抽穗的禾胎，同时还从田间捉来肥鲤鱼，用新米和老米掺合煮鱼粥，然后杀鸭供祭祖先神祇，祈求全年丰收。有的为了显示“吃新”，还将菜园里刚结荚的豆角和残花未落的茄子也摘来煮吃（如菜园里无可摘的菜类，则上山摘一把新鲜的野菜），以示尝新。尝新意在以新谷酬神，但各地过尝新节的形式也多有差异，不尽相同。

有的地方过其节不请客，以新米等供奉祖先，全家聚餐即完成节仪；有的地方互请亲戚朋友作客，盛情设宴款待；有的地方三五家相聚一堂共饮；有的地方以粽粑相互馈赠，特别是嫁出的女儿回娘家过节，房族中伯叔兄弟各人都送上几个粽粑，让其带回分给夫家叔伯兄弟品尝；还有的地方则演侗戏，吹芦笙踩歌堂，“多耶”（唱侗歌），把尝新节过得热热闹闹，欢乐多彩。

吃新节这天，四村八寨的侗族同胞们，身着民族盛装，云集到“牛打坪”观看斗牛活动。只见各村寨的牛主牵着自家的牛，敲锣打鼓，兴高采烈地进入牛场，待各寨牛王到齐后，即举行邀约仪式，双方邀约同意，就各自牵着牛王，打着火把，从牛场的两端入场。鸣放铁炮，牵牛者将火把往前一抛，二牛四蹄腾空，相对冲去。牛王在角斗中，有一碰就决胜负的，也有的斗得难分难解，这时，人们就用大棕绳套住双方牛脚，喊着号子，把牛拉开表示友谊，牛场四周群众喝彩助威。斗胜的牛王，当即被牵着亮相，绕场三周，人们纷纷给牛挂彩，鸣放鞭炮。整个山寨沉浸在一片欢乐之中。

（杨再辉）

5. 吹起芦笙跳起舞

侗族芦笙节是怎样来的？这故事必须从古时说起。

传说，古时候从天上落下七颗星星，落在吉团（湖南通道侗族自治县播阳乡境内）寨边，也是现在的芦笙坪所在的地方。当时人们就在坠落星星的地方建筑了个七星塔（此塔新中国成立后还存在），作为它们落在这里的纪念地，谁知这七颗星星竟是七仙女的化身。

七仙女下凡来到侗乡后，打扮得和侗家姑娘一模一样，如云的秀发光彩照人，盈盈笑脸，百媚顿生。她们和侗家姑娘一起，白天吹着木叶，唱着侗族情歌，与侗家青年男子在幽静的山林里约会；晚上则进入侗乡歌堂唱歌，一唱就唱到黎明，一年三百六十五天，天天都是如此。越唱感情越深，越唱越难分离，有次天快亮了，一群侗家小伙子，热情地唱着欢送歌，一直送到现在的芦笙坪所在地。临别之际，侗家小伙子们拉着七仙女的手不肯放，七仙女无奈地唱道："拉住不放痛心间，未熟酸果没有甜。情哥有意我不想，拉拉扯扯不想连。情哥有心

1.侗寨鼓楼坪的芦笙踩堂
2.芦笙队　吴文杰　摄
3.吹芦笙的少年　网友“长安人”　摄
4.梅林侗族的芦笙表演　张小宁　摄

我不愿，愿化杨柳守江边。”

唱完，七仙女不见了，江边却忽然出现了七株青青的杨柳树。温和的晨风吹拂着柳条，枝枝摇摆，好像在和情人挥手告别。小伙子们看到七仙女化成七株绿柳心痛不已。他们日夜想念七位美丽的姑娘，却又没有办法。一个急躁的小伙子提议将树砍倒，说不定柳树会变回原来的姑娘们。他们便拿起斧头去砍七株柳树，只见斧头每砍一下，就飞闪出点点火星，等到柳树全部被砍倒后，那无数的火星，竟然凝结成七个大火球熊熊燃烧，接着又变成七只浑身通红的老虎，老虎愤怒地扑了过来，把砍树的青年小伙子们吓得魂飞魄散，连滚带爬地跑开了。从此这个地方变成了灌木丛生的老虎窝。

一天晚上，有群青年小伙子结伴去玩寨（指侗族未婚男青年晚上寻找姑娘唱歌谈爱的活动），尽管是绕道而走，但仍被老虎发现了。只见七只老虎齐出窝，飞快地将这些青年小伙子扛到背上驮走。几个没有被驮走的小伙子吓得边跑边喊：“老虎咬人了，快来救命啊！快来救命啊！”附近的群众听到喊声，急忙一齐吹响芦笙，老虎被震天动地的芦笙轰响吓得把人丢下，慌张地逃跑了。这些小伙子全靠芦笙撵走了老虎，救回了命。

后来，侗乡的人们，为了纪念这次芦笙救人，就规定每两年一次的重阳节日为芦笙节。现在的侗家人年年吹芦笙，则更多是为了庆祝欢乐、美好的生活了。侗乡的人们这样歌颂芦笙日：“芦笙响彻九霄云，吓得老虎跑不赢。救了玩寨小伙子，脱离虎口救了命。”芦笙节日作纪念，男女老少不忘情。侗家年年吹芦笙，国泰民安享太平。

当然，这只是一种说法罢了。也有人这样传说来的。

相传，古时候，有一年夏天，天气酷热，田地干裂，庄稼枯萎。旱灾给侗族人带来了极大的危害，位于湘、黔、桂交界地带的滥泥冲、老里盘、高营寨、塘保等几个团寨的侗族人集中在塘保宽敞的空坪上，供上肥猪，焚香燃烛，匍匐于地，虔诚地祈求天神保佑。突然，空坪上乌云密布，一条口含宝珠的青龙在云中翻滚，时隐时现。顿时，电闪雷鸣，下了一场喜雨。人们欣喜若狂，吹笙歌舞。此后，风调雨顺，禾苗葱茏，五谷丰登。从此，这一带的侗族人每年去塘保踩三次芦笙：正月十五祈求风调雨顺，七月十五报答龙神，十月十五共庆丰年。

（吴跃飞、黄燕秋）

6. 热闹南瓜仗

程阳八寨，每年中秋节前，各村各寨的男孩和女孩，都组成若干个南瓜队和油茶队。参加油茶队的女孩，每人交一筒饭豆和一筒糯米进队，并且结伙下河捞虾，准备煮油茶的作料。加入南瓜队的男孩，则要交几角钱买彩色纸扎花。参加南瓜队的头天晚上，孩子头就指派我和几个小伙伴一同去偷瓜。我心头蹦蹦乱跳。路上，我的好同伴阿宝，他比我大两岁，上年已参加过南瓜队的，对我说："煮南瓜茶，'偷瓜'不算偷，瓜越被偷得多，瓜主越高兴。"从那时起，我知道了"偷瓜"也不能乱来，要顺藤摸瓜，当在一株瓜藤摸到一个南瓜时，先不许摘，要摸到了两个，才"偷"一个，摸到了四个，"偷"两个。有时"偷"多了，待到第二天晚上，又把瓜放回原处。南瓜队"偷"谁家的瓜，预示着谁家明年南瓜得丰收的好兆头。

参加了南瓜队后，可把我忙坏了，晚上"偷"瓜，白天剪纸扎花，日子过得真快，那天，南瓜队的哨子一声响，我急忙跑到鼓楼坪上。同伴们也和我一

南瓜仗场面火爆，热闹非凡

样，穿一色的唐装白衣衫、新布鞋……南瓜队出村了，排成一行长长的队伍。扛彩旗的人，走在队伍的前面。一路上，不断传来“前——依——哈——”的欢呼声在山谷中回响，使人振奋。我们将要靠近目的村时，每个人都把头巾蒙住整个头部，只露出一双发亮的眼睛。进了村寨，来到油茶队女孩面前，就停止前进了。人人蹲下来，把头巾箍得更紧，不让对方认出是哪个寨的南瓜队来。油茶队的女孩左观右看，确实认不出时，站在旁边的一个中年妇女做着手势，接着，一个较大的女孩用力揭开我的头巾。那个中年妇女喊着：“平寨的南瓜队！”油茶队像找得什么宝贝一样，高兴地跟着喊起来。油茶队同意和我们煮茶。煮茶过程中，我们南瓜队与油茶队交换了礼物。听奶奶说，灯笼换木梳，是一种吉祥的征兆。

灯笼换木梳后，油茶队又带我们去选煮茶屋子。选定了屋子，南瓜队每天还要游村窜寨去看一次，一直持续到八月十三。八月十四那天，我们选了四个又大、又圆、又平的南瓜，由大到小叠起来，用根竹竿串在一起。瓜周围都钻孔眼。竹竿顶上还插一朵大红花。南瓜和竹竿都被五光十色的花朵覆盖住了，展现在人们眼前的犹如一乘五彩缤纷的花轿。早上，我还在梦乡里，阿宝来叫醒我去护送“花轿”。我急急忙忙跑到鼓楼坪上，那里已挤满了人。男女老少，都争相来看花轿。这时，人群中让开一条路，只见阿宝扛着两根竹杠来捆花轿。抬花轿要选几个力气较大的，阿宝自然也是一个。花轿抬出了村，我们护卫者每人手拿一根小竹鞭，紧紧跟在花轿旁边缓缓前进。迎面秋风习习，轿上的花朵左右摆动，像侗家新媳妇头上佩戴的银簪一样，非常好看！

花轿靠近村寨了，我们相互碰碰臂肘，相互转告，严防有人抢花。果然，花轿抬进小巷中，就有人从木楼上放下几个长钩来钩花。抬花人要赶快走，摆脱这险境，谁知布在小巷两旁的抢花人，突然钻了出来，我们措手不及，被摘了不少朵花。如此玩玩闹闹，好不容易才把花轿抬到煮茶屋子。在长廊上，油茶队的女孩欢呼着来接我们。我们把一朵朵花分送到她们手上。

八月十五晚，我们先来到煮茶屋子。长廊上，油茶队的小姑娘也陆续来了，南瓜队的男孩子也到齐了。我们在灯下，唱儿歌，猜谜子，一直玩到深夜，然后煮茶。油茶喝过了，热闹的项目接踵而来。我们叫嚷要拿南瓜来吃。这一点，油茶队早有准备，先端出一个个大簸箕摆在长廊上，然后把蒸熟的南瓜倒在簸箕里。开始，男女各在一边吃南瓜，一会儿，阿宝先嚷开了：“这南瓜太淡了，不好吃！”小伙伴们呼应着。于是，你丢我扔，就打起南瓜仗来。

当我还被蒙在鼓里时，一块南瓜打到我的脸上，热乎乎的，刚想抹掉，只听一阵嬉笑声，身上又挨了几块。我看势头不对，急忙跑下楼梯，在我身后又响起劈啪劈啪的声音。我看见阿宝正在指挥小伙伴从村外搬来我们事先藏着的熟南瓜，投入南瓜仗的战斗。我心想自己有打泥巴仗的丰富经验，还怕打不过女娃娃！但这和打泥巴仗不同，那是日战，这是夜战。油茶队居高临下，我们却出没在小巷中。有时我们虽攻上楼，但被她们一阵南瓜压顶，不得不退回到小巷中。油茶队借着月光，容易发现目标，猛打猛擂，使我们抬不起头来。蒸熟了的南瓜像软膏一样，打着人虽不十分疼痛，但叫你睁不开眼睛，又弄污了新衣服。油茶队以木楼作掩护，我们不好发现她们，因此把南瓜有意打在木楼上，从楼板至屋瓦，处处皆是南瓜。激烈的南瓜仗打了数十个回合，双方进进退退，追追赶赶，一直闹腾到天大亮才告结束。

天亮了，我穿一身沾满南瓜的衣服回到家里，心里早作了挨妈妈责骂的准备。谁料，妈妈已站在楼梯口等候着我，喜笑颜开地问我挨哪个姑娘用南瓜打的，边说，边帮我脱下衣服，泡到盆里洗涤……

（杨树清）

◆ 1.彬彬侗礼
◆ 2.答谢贵客的百家宴
◆ 3.“月也”：侗族的集体串门
◆ 4.古朴独特的“吃相思”
◆ 5.成长的记忆——滚泥田
◆ 6.添粮祝寿

侗族

第六章

庄重的民族礼仪

1. 彬彬侗礼

侗家人讲究社交礼节。当孩子咿呀学语时，父母、家婆、小叔、小姑们就教孩子学讲话、学唱歌，比如对人如何称呼，如何问候。大人们认为，如果不从小教育孩子懂得这些道理，见人不打招呼，不讲礼貌，就会被讥笑孩子没有家教。当孩子能动手劳作时，男孩就跟父亲、叔伯弹琵琶，吹芦笙，下地扶犁耙，吆牛耕地；如果不会耕作，不会唱歌，长大了会很难找到对象。女孩子在母亲、奶奶、外婆、小姑、小姨的指导下学习纺纱、织布、染布、纳鞋底、绣花、缝制衣裳等活计；如果不会缝缝补补，长大了同样很难嫁人。人们走在路上、走进寨子、经过水井时，有挑水的姑娘从你身旁过，她会热情地舀一瓢清泉凉水给你解渴。哪位姑娘如果不懂这么做，会被人耻笑，说她不懂礼数，不贤惠，长大了嫁不出去当"守寨姑"。男孩子到了能挑担子的年纪，在路上遇到老人挑重担子，都会主动帮挑一段路。

讲礼貌会做人，体现在互相称呼上。称呼时一般叫昵称，不直接喊名字。

兄弟姐妹间相互叫“斋”（哥、姐），“阿打”（老二），“阿依”（弟、妹）；伯父称“甫玛”，伯母称“内玛”；叔叔称“甫啊”，姨妈称“内温”。家里来客人，家人进进出出，绝不从客人面前经过，如非过不可便说一声“达打哪喽”，即“对不起，过您的面前了”之意。喝油茶、吃饭时也先由家里长辈拿碗动筷。家中酸、鲜、荤、腥等好吃的东西，先夹给长辈吃，然后才夹给自己。侗族有个习惯，白天上山劳动都带中午饭，吃时互相呼唤，一起分享好吃的东西。这时如果有人路过，也礼貌地请他一起吃饭。

到了婚嫁年纪，青年人的礼俗也很讲究。譬如青年男女在交往过程中，打招呼时一般不直接叫对方的名字。男女都有昵称，男昵称叫“斋”，女昵称叫“嫱”。男方称女方时，在名字的前加“嫱”字。如女的名字叫燕芬，就叫她“嫱芬”，不能直接叫“燕芬”。女方称男方时，在名字前面加一个“斋”字。如男的名字叫“光兴”，就叫他“斋兴”。如果直接叫喊对方的名字，会遭人耻笑。不讲究礼节的人，人们不愿跟他（她）交朋友，更谈不上谈情说爱。在交往过程中，如果哪个人任性，不守规矩，有伤风败俗的举止，本村人包括本族人都予以谴责。

结婚有了孩子进入中年期，人们对他（她）的尊敬在称呼上也有体现。此时打招呼不再叫他（她）的奶名，而是依据他（她）长子或长女的名字改变对他（她）的称呼。如男的长子叫“光明”，人们就称他为“甫光明”，他的妻子就叫“乃光明”（即光明的爸、光明的妈）。

人到老年，儿孙们爱戴有加，在日常生活中，处处予以照顾。如不让做重体力劳动，有好吃的东西先由老人家品尝。过节过年，孙子、外甥、女婿等晚辈要给老人送礼物。杀鸡、杀鸭，鸡肝、鸭肝一定敬给老人，以表示晚辈有“心肝”。有的家里没有老人（即没有爷爷、奶奶），鸡肝、鸭肝就敬给房族至亲的爷爷、奶奶。家里

在侗寨，围着火塘一起聊天，要经过老人或别人面前，都会说一声“过前面咯”。言外之意为“不好意思，跨过你面前了”。侗家人认为，这种跨过别人面前是不礼貌的行为，故而先打个招呼以示歉意

在饭桌场合，年青人要让老人先动筷子吃，交谈要心平气和，谦逊有礼

来客，请房族至亲德高望重的老人家陪客。得到礼物，首先请房族至亲老人家品尝。谁家老人家有病，房族至亲轮流去探望。

在社交场合中，个人的言谈举止是礼节行为的重要方面。在老幼同堂叙谈的场合，十分重视长幼有序。如在鼓楼里休息，在花桥上乘凉，老少为伴在欢乐的谈天说地，此时此地往往由老人们唱主角，年轻人要静静地倾听，小孩更不能打搅。若是平辈人之间的交谈，要注意语音适中，以对方能听清晰为度，对方讲话要注意倾听。如果多人议论，对言之有理者要点头表示赞同，不要抢话头，大发议论，要等别人把话讲完，然后再发表自己的看法。如有争论，要平心静气，平和谦虚，绝不恶语伤人。这种注意言谈中的礼节，是侗家人温顺、和平性格的反映，同时也是人们时常注意修养的道德行为的体现。

（向零）

2. 答谢贵客的百家宴

关于侗族百家宴有这么一个美丽的由来。

相传，古时候，一个侗寨遭到洪魔的袭击。眼看稻田被淹没，房屋被冲倒，人们就要被洪魔吞噬，忽从天上下来一位英雄，用他有力的臂膀斩断了洪魔的脊梁。为了表示对英雄的敬意，家家户户都想请英雄到家中吃饭，但英雄第二天一早就要离去，不可能一一到各家做客，怎么办呢？这时，一位漂亮的侗族姑娘想出了个好主意：每家做几道最好的菜，全寨人一起来款待英雄。由于这个宴席集百家之长，所以就叫“百家宴”，乡间也叫“合龙宴”、“长桌宴”。从此，侗族人每逢寨子里来了贵客或遇上喜事族人聚会时，都会设“百家宴”，这个习俗一直沿袭至今。

还有一种说法：

“一位至亲朋友到来，大哥正杀鸡杀鸭准备宴请；二哥又来了，说是饭菜都

1.百家宴席桌连桌
2.百家宴席上等待开宴时刻
3.百家宴上就餐情景

已经弄好，马上吃饭了。可是，大哥哪肯让已经坐在他家里的客人出门；而客人又亲自看到大哥忙了半个晚上，也不忍心跟随二哥前去。在这种情况下，老二只好把饭菜端到大哥家去陪客，于是，合拢饭就吃起来了。吃合拢饭，不仅限于一家之中的几个弟兄，有时，甚至包括一个房族、一个寨子的人。大家都把好吃的拿出来，或开腌鱼腌肉，或杀鸡杀鸭，或炒猪、牛、羊肉，或炒鸡、鸭、鹅蛋。酒有甜酒、泡酒、烧酒；饭有黏米饭、糯米饭、糍粑、小米粑。总之，各家各办、五花八门，酸甜苦辣麻，样样俱全。”

数百米的相连长桌，美味可口的酸鱼、酸鸭，风味独特的鱼生，香喷喷的糯米饭，香醇浓烈的糯米酒……2010年10月3日上午，随着世界廊桥第一桥——三江风雨桥古老隆重的上梁仪式结束，最长百家宴在廊桥上紧锣密鼓地摆开。摆宴的侗家人肩挑食盒，手提酒囊，细心布局摆出精心准备的美食，忙得不亦乐乎。

侗家人有一种说法：“吃百家饭，联百家心，驱百种邪，成百样事。”正在摆宴的石阿姨告诉记者，百家宴是她们侗族人招待客人的最高礼遇，每逢重大节庆日才会有的。石阿姨自豪地说道，这不像每年四月初八的百家宴，家家户户都可以参与其中，对于上梁仪式这样的隆重事件，为了保证贵宾心满意足地吃上称心如意的菜肴，避免群众太多，贵宾无法尽兴而归，便要控制户数，这次的宴会的准备工作的户主是要有票券经过遴选才有资格参与的。这次的百家宴共有两百来桌，宴席桌呈长排形状，由若干张长方形桌子拼接而成，百家宴场面隆重、热烈、壮观，客人六人一桌坐下后，宴会就开始了，陪同客人的是由各家各户派出一到三名代表参加宴席，集体招待客人。

百家宴的菜肴以酸辣为主，酸鱼、酸鸭、土猪肉是宴会必备的三道菜，其余的则是各家独具风味的拿手菜。这样一来，两百来桌就有近百种民俗特色的菜谱食，宾客可以自由穿梭进餐，品尝各家不同风味的菜肴。

百家宴的一个特点就是客人可以拿着碗筷实行流动用餐。这次是两百多户村民做好的两百多桌不同的菜肴由你自由选择你的口味品种，大家都忙着拿百家饭，到处走动，相互“串门”。宴会开始不久，就是敬酒了。侗家人边唱歌边向客人敬酒，用特有的香醇的糯米酒。他们的敬酒方式非常独特，拉着客人的耳朵，把酒灌入客人的口中。他们认为只有这样才能表达对贵客的关心和祝福。客人和侗民们在宴会上喜气洋洋，亲如一家，各自在长长的宴席中互相敬酒品尝食品，欢声笑语弥漫其间，大家乐此不疲。

3. “月也”：侗族的集体串门

利用春节、元宵、中秋等传统节日走亲访友，是我国各民族共有的习俗。可你见过侗乡村寨间“集体结交、整寨做客”的“月也”吗?

“月也”作为侗族特有的一种节日文化习俗很有民族个性。首先，它与一般的走访亲友活动有本质的区别。结成“月也”关系的两个村寨间的大多数人，原先或许互不相识。其次，黔桂湘三省区各寨侗族“月也”的具体日期虽有差异，但一般都集中于下述三个时间段里：一是“哼年”，在整个农历正月间进行。二是“哼八月”，一般从农历八月十五至十七日进行。三是“芦笙月也”，约在秋收之后择日进行。这三次活动中以每年农历正月间的“月也”最为隆重。第三，“月也”活动有一套严整而风趣的礼仪规程。

关于“月也”的起源，侗家流行这样的传说：相传在很古的时候，侗家人住在大山中，由于互相不通信息，一寨遇事，它寨全然不知，莫能相助，侗家人为此吃了不少苦头。后来有两位老人建议，各寨相互间每年走访一次，遂成

侗族“月也”活动，一方寨子在迎接另一方寨子的时候要唱拦路歌

吹芦笙迎接进寨

“月也”活动中双方回合后，首先开展芦笙对台赛、踩芦笙堂。之后才开展其他如唱侗戏、对歌等文化娱乐交流活动

风俗，沿袭至今。

侗族“月也”的整个过程大致是这样的：

两个结成“也”（“也”在侗语中为“朋友”之意）关系的村寨间，届时，客寨除留下少数守家者外，无论路途遥远与否，全体男女老幼均集体出动，前往主寨作客。出发时，皆盛装列队，队列前面是仪仗队，其装饰颇引人注目。站在最前者叫“头客”，相当于队长。只见他头包大围巾，上插鸡尾羽，挂银舌螺盖，身披大红毛毡，手中撑一把大红伞，胸悬罗盘，作定位用。第二人是一名男扮女装者，象征侗族的最高女神——“先祖母”。第三至第五人腰佩宝剑，饰如卫士。后面紧跟的是芦笙队，队员背着侗锦背心、花带裙，包头上附着鸡羽、串珠、戴项圈，各持大小不一的芦笙，笙管顶上也插着鸡羽。再往后看，就是一般的乡客队伍了。其中，姑娘们多穿紫红色的衣裤，配银饰，打扮得银光照眼。每人肩挑一副精致的花篮，里面装有腊肉、米酒等礼品。当临近主寨时，便吹奏芦笙报信。主寨闻讯后，寨老迅速召集本寨众人赶往寨口，敲锣打鼓，鸣放铁炮，并举行“拦路”仪式，欢迎远道而来的客人们。只见主寨寨口前堆放着一些板凳、竹竿、树枝等物，并扯起绳索，构成了路障，并唱起了“拦路歌”，歌中提出各种风趣的“拦路”理由。如《我们正忌寨》中唱道：“……寨里出的事情真是怪，奶奶长出了黑胡子，公公怀孕还未生下来。古怪事多不吉利，真怪我们不肯把门开。”客寨歌手们则用《开路歌》答道：“世上禁忌也是百样有，唯独没有哪人忌朋友。不必忌讳太多，快把寨门开。”这种充满了侗族式幽默的一问一答逗得大伙儿忍俊不禁。通过“拦路”，主客双方互相逗趣。起初的生疏与拘谨不知不觉被一扫而光。而每当客人用歌答复主寨的一次盘问后，路障就被拆去一件。等到全部拆除后，主寨便将客人们迎到本寨鼓楼坪“踩歌堂”。伴和着芦笙呜呜，人们载歌载舞，鼓楼坪成为欢乐的海洋。“踩歌堂”后，主寨的姑娘、后生们便一拥而上，拉住客人就往自己家里拽，这叫做“拉也”，以拉到和拉多为荣。请来客人后，家里便杀鸡宰鸭，并端上酸鱼、酸肉、糯米酒等盛情款待。“月也”期间，各家待客的酒席都办得十分风光、体面。客人也拿出礼品回赠这家主人。席间，双方畅述友情；夜里，分长幼男女，同宿一起，宛如亲戚一般。

侗族“月也”一般进行三天，每天，主客双方都到鼓楼坪赛歌。赛芦笙、演侗戏，这些表演都很有特色。在歌、舞、乐、戏等方面已形成独特的风格。如“赛歌”以二声部男女对唱的双歌为主，一问一答，活泼明快。开始时，所唱之歌规矩较多，内容多与侗族历史、神话、风土习俗、礼仪、款约等有关，显得比较庄重。若一方唱不出或答不好，便被对方认为该寨人没有才学，遭到耻笑。因事关本寨声誉，所以几乎每一寨都有芦笙队、侗戏班和歌队，而且，各寨的表演队相当专业。在出访前，还要请来歌师、戏师、芦笙师傅对他们进行强化训练。赛歌到后来，变成了不拘形式的情歌对唱，在这情意绵绵的歌声中，两寨的姑娘小伙儿们从相悦、相识，到了解、相爱，进而以物相赠，结为百年之好。

到客寨辞别的那天，主寨在鼓楼坪举行隆重的送行仪式，家家户户赠以用禾秆包裹的糯米饭、腌鱼、腌肉等食物，姑娘们在竹枝上系以五彩羽毛，挂上多条毛巾，以此为礼物，送给客寨的后生。全寨人将客人送出寨口，仍依依不舍，互道“来年相会”。至此，本次“月也”便宣告结束。不过，按习俗，翌年，主寨人须到客寨“还也”，即集体回访。若不“还也”，两寨便就此断绝这种来往关系，另与其他寨“月也”。

“月也”使侗族丰富的民族文化得到了传承，并进一步陶冶了侗族人民团结互助、热情好客的优良品质。至今，“月也”仍在侗乡红红火火地开展。

（谢冰）

4. 古朴独特的“吃相思”

吃相思，侗语叫“越嘿”，是侗族地区村寨之间为拓宽社交、加深友谊而举行的一种规模较大的民间交往活动，形成特有的一种民族风情。

吃相思可以是一个村寨的男女老少全部到另一个村寨做客，也可以周边几个村寨的人邀约着同时到某一村寨做客。吃相思不仅仅是“吃”，主要是以此开展各种活动。吃相思活动一般是一个地区几个村寨之间轮流进行，每次活动时间较长，一般需三至五天。活动一般安排在每年的农历正月，一可以增添节日气氛，二是利用农闲时间。两寨之间吃相思，须在半年前互相协商好，以便作好接待。

吃相思活动场面宏大，内容丰富多彩。从迎接客人到送走客人，每个环节都安排得十分缜密，充满浓郁的民族风情。其过程主要有拦路、抬官人、鼓楼唱大歌、唱侗戏、踩歌堂、封桌对歌、行歌坐夜、赠送分别礼物等环节，各自成趣，高潮不断，男女老少各得其所，可以说是一次侗族风情大汇演。

1. “抬官人”队伍
2. “抬官人”现场
3. 吃相思活动中“抬官人”现场

岑旁村网易博客　提供

拦路

拦路要唱拦路歌，这是吃相思的开头，也是侗族迎宾接客的最高礼节。即作为主人村寨的姑娘们用板凳、草人、布料、表记、树叶等物搁置在寨门前路口设置障碍，以此拦住客人。当客寨的队伍敲锣打鼓临寨口时，姑娘们就成群结队站在路中央唱拦路歌，歌词内容都是托辞强调寨里有事或以生鸡崽鸭崽为由，不让客人顺顺当当进寨，也就是以挑战的姿态跟客队比歌比智。客寨的青年们也组织歌队以歌开路，说要让新人进寨，寨子才大吉大利，大发大旺，请主人赶快搬掉障碍物，让客人进寨。客队每答对一首歌，搬掉一样障碍物，一直把这些拦路的东西搬完。如果客方答不上或答不对，就自觉放鞭炮，以示认输。当所有的障碍物全部搬完后，才放三响铁炮，并吹芦笙，接行李，主客两支队伍合二为一，热热闹闹地走到主寨的鼓楼坪，然后分户安排客人食宿。

抬官人

这是吃相思比较隆重的一项活动。活动场面十分热烈、有趣。活动开始前，由主寨用松枝、野藤、丝织品、绣花带或其他工艺品镶佩成花轿，这“花轿”实际就是经过装饰了的若干滑杆，侗族叫“朋堂”。其中用虎蕨草编的轿子为“县长”专用，以示“县长”的虎气。客寨则根据主寨配备“朋堂”的多少选出“县长”、“太太”、“科员”、“小姐”……这些“官员”基本上是客寨的头面人物、有钱人家。当活动开始时，由主寨抬轿到指定地点（一般是寨边平地上）。待“达官贵人”上轿后，每轿由四个人抬，观众蜂拥跟随。在向村中鼓楼行进中，由若干村民身着破烂的衣裤，有的装成瘸子，有的扮成乞丐，显出贫困潦倒之状，紧随在花轿队伍两侧，扮“县长”、“官员”的坐轿人要不时向路人抛撒一些零钱，以济“贫民”。

鼓楼唱大歌

这是吃相思中的晚间活动。夜幕降临，主寨在鼓楼里燃起大火，主寨姑娘和客寨小伙或主寨小伙和客寨姑娘相对入座对歌。歌的内容一般是问客歌、古源歌、叙事歌，有表达情谊的，有歌颂道德的，有赞扬祖先的。无论是男队或女队，都有主唱和配唱，主唱起头，歌声高昂激越，配唱随调低吟，时而齐唱，时而分唱，高、中、低音浑然一体，声调优美和谐，悦耳动听。听众挤满鼓楼内外，非通宵达旦不能尽兴。

此外，中间还有唱侗戏踩歌堂、封桌比歌、行歌坐夜、赠送纪念礼物等不同的活动程序。

最后，才是赠送纪念礼物环节。吃相思活动结束时，客人要返程，主人要送别。主寨家家户户用糯米草编织成一尺见方的片状，包上糯米饭、煮红蛋赠送客人，集体赠送的有锦旗、彩匾、活羊、活猪、活牛等；姑娘赠送的有面巾、手帕、鞋垫、绣花带等。这些纪念品都吊挂在竹竿上，一路举起，让路人欣赏，以示得到主人的厚待。送的礼品也有寓意，送羊表达主人一般情意，送猪表达主人情意深厚，送牛表明主人情意最深厚。总之，送些带尾巴的牲畜，表示此次吃相思尚未完结，还有尾巴，预示下次（来年或隔年）将要回访，若送不带尾巴之物，说明已结束。当客人受礼后，则以红包回报致谢。当主人放三响铁炮欢送客人出寨门后，双方男女青年还相互用早准备好的红、绿等彩色汁液或膏物涂抹在自己心仪的姑娘和小伙脸上，表示此次吃相思已找到了意中人，用此作标记，以后要到家来求亲。被涂抹得越多的越高兴，说明爱的人越多。

吃相思是侗族古朴独特的风俗。这种风俗培养了侗族人民热情好客、善歌爱美的豪爽性格，形成侗乡标志性的风情。

5.
成长的记忆——滚泥田

在黔、桂、湘接壤的群山大岭之中，有一座高高的山坡，叫三省坡。在三省坡上，有一块很古老很古老的梯田。这块梯田，是这里方圆百里之内的每一个侗民走向人生道路的起点。

一个小孩子，长满5周岁，他的母亲和父亲，就把他领到这块梯田。母亲说："儿呀，你在母亲的怀抱，学到了慈爱和善良。现在，你到父亲那里去，让他教给你还没有学到的一切。"母亲在这边田埂把他推下田里，让他滚得一身烂泥，父亲在那边田埂把他接起。

满了10周岁，父亲和祖父又把他领到这块梯田。父亲说："儿呀，你在父亲的怀抱，学到了勇敢和勤劳。现在，你到祖父那里去，让他教给你还没有学到的一切。"孩子又在田里滚了一身烂泥，让祖父把他接起。

侗寨梯田　吴平欢　摄

满了15周岁，祖父再一次把他领到这块梯田。祖父说："我的孙呀，你在祖父的怀抱里，学到了忍耐和坚强，你走吧，高山奈何不了你，江河欺负不了你。"

他，在祖父对面的田埂上自己站起，面对苍天、山川、河流吼一声：“我成年啦！”随着这喊声，便出现了一个个顶天立地的人物形像。

没有锣鼓和鞭炮的狂热庆贺，也没有歌声和乐曲的甜蜜赞颂，更没有蛋糕和月饼的圆满祝福，但看得出来，每一个从这块梯田走下来的孩子，他们对自己童年是满足的。

“哑——哂——抬起来！山太高呀，踩一踩！哑——哂——拉过坳！壑太深呀，跳一跳！”这是拉山号子。孩子们每听到这样的呼声，早就心痒痒，喉痒痒，肩痒痒。“大哥大姐们，我来啦！”15岁，骨头不是太嫩了么？不！他们以神奇的豪气和山一样的毅力，加入到这高山大岭中最雄壮最动人的生活中去。

“嗨啦，嗨啦哟！放排啦，情妹伴哥哥！嗨啦，嗨啦哟！下滩啦，水急恩爱多！！”这是放排歌。哪一个小伙子，哪一个姑娘，不倾慕这样的生活。“你满15岁了吗？好呀，那就来吧！”

滚泥田，不能不使人联想到侗族人家家饲养的水牛。水牛是在泥田里滚大的。它既酷爱高山，也酷爱江河。温顺、勤劳、忍耐是它的特性，还有它那强壮的躯体，是其他动物所不能企及的。这里的山民的祖先，可能是从水牛身上得到启迪。

那高高的三省坡，那古老的梯田。

（吴浩）

6. 添粮祝寿

广西北部三江县独峒、八江、林溪等侗族地区有给老人"添粮祝寿"的传统习俗。

传说，侗家人来自天界雁鹅村，天下侗人所吃的粮食是有量的，谁的粮食吃完了，老天爷就要收他回天宫，因此"添粮"可使人延年益寿。但老天爷又有明令：凡人一生只能"添"一次粮。寨子里有老人要"添粮"了，主家首先报信、下帖子给左邻右舍，并派出子女们到寨上"人多粮广"即富有、兄弟姐妹多的人家去"筹粮"（每户筹三抓米）。为"添粮祝寿"者献"粮"，人们都很高兴，有的主动请"添粮祝寿"者的子女登门"筹粮"。亲戚朋友也组成"卖粮队"挑禾把、挑米去祝贺；"卖粮队"前呼后拥，小孩鸣锣开路，大人在后面呼喊"别苟打胜"（意为"跨村过寨卖粮食"）。"卖粮队"在村上游了一圈后来到"添粮祝寿"者的门楼前，主持"添粮祝寿"仪式的主家却把大门关上问"卖粮队"："你们是哪里人？从哪里来？要到什么地方去卖粮？"

1.祝寿宴席。办寿酒时，亲戚朋友都会不请自来，吃饭喝酒，热闹非凡
2.杨通雄老人70大寿歌会活动，歌师在对歌

“卖粮队”领头人答道：“我们是从天边云层运粮来，小孩子吃了我们的粮食长得白白胖胖，老人吃了我们的粮食百病消除，寿命像江河水一样长。”

主家听了“卖粮队”的话后兴奋地说：“我们家里有人要添粮，那你们就一起进屋来吧，粮食我们全买了！”

于是打开大门，燃放鞭炮迎接“卖粮队”进屋。“卖粮队”进屋后，主家用簸箕分别盛上禾把和大米，放在堂屋中间，众人围着簸箕而坐；受祝寿“加粮”者也坐在其间，其面前放一个大布袋准备装粮。这时，请一个老者唱“添粮祝寿”歌：

不请高山，不请大河，
请您寨头百岁公，
请您寨尾百岁婆，
请到某姓某人（指周围几个村寨身体健壮有威望且有孙男孙女的老人）。
他额头厚厚，肩膀宽宽，
糯食，他吃得香；
日晒，他觉得暖；
上坡，他腿不酸；
过河，他脚不软。
他到侗家有地方居住，
他到汉家有地方落脚，
他见识广，他到过地方多。
他到皇帝的仓中挑粮，
他到州官的府中运谷，
他翻山越岭到某某人（受祝寿人）家，
他跨海渡江运粮来为某某（受祝寿人）添粮祝寿，
他为某某（受祝寿人）添寿增福。

唱到此处，众人按辈分顺序分别给“添粮祝寿”者“添粮”（即每人从簸箕中抓三把大米或三捆糯禾投到受祝寿人面前的口袋中），且唱道：“我为某某（对祝寿人的称呼）添粮增寿，我为某某（对祝寿人的称呼）添寿增福。”

众人“添粮”完毕，老者接着又唱：

“千人来为他添粮增寿，
万人为他添寿增福。
这棵树根须太细，我们要壅它又长又粗。
这棵树枝叶太稀，我们要壅它茂密葱郁。
千人来为它浇水，
万人来为它培土，
要使它千年常青，
要使它万年长绿，
要使它风吹不倒，
要使它雷打不伏，
要使它水冲不走，
要使它火烧不枯。”

众人跟着齐唱：

“是呀，要使它（他 / 她）千年常青，要使它（他 / 她）万年常绿。”

老者最后唱道：

“从今天起，不用愁了，
好的领来，坏的送走。
做工也顺手，说话也顺口。
八十岁能跨过树梢 /，九十岁能跨过深沟。
力气大过野牛，精力赛过猿猴！”

众人齐声合呼：

“是呀！八十岁能跳过树梢，九十岁能跨过深沟，
力气大过野牛，精力赛过猿猴！”

唱完“添粮祝寿”歌，屋里人听过，兴高采烈地将大门打开，一阵铁铳、爆竹齐响，将“卖粮队”迎进屋里。堂屋间的谷米、稻禾堆成了山，众人围“山”而坐，听请来的歌师唱添粮祝寿的奉承歌。歌师唱完一段，众人按辈分分别抓三把粮投撒到老人身旁，一边投撒，还一边念念有词：“我为××（主人）来添粮，××万寿又无疆。”主家置办酒席款待众人，酬谢大家“运粮”辛苦。

侗族

第七章 深情的婚曲恋歌

1. “月地瓦”：古老的恋爱形式

在三江侗族自治县的西北部，有一个名叫独峒乡的地方，它是湘、黔、桂三省的交界处。这里的村民仍然保留侗族最古老的恋爱形式——“月地瓦”。

“月地瓦”在侗语里的意思就是“种公地”。是村寨之间或村寨内不同姓氏的男女之间一种集体交友的方式。传统的“月地瓦”活动持续时间为一年。一般大年三十晚上，村里男青年便在“腊汉头”（男领头人）的召集下商讨“月地瓦”活动的具体方案；正月初三，男方便由“腊汉头”带队，吹着芦笙到女方寨中（同寨的就到对方家族的鼓楼前）把女青年接回来，在男方的鼓楼前吹芦笙、哆耶（一种侗族乐器），然后开展合拢宴、行歌坐夜等集体活动。之后男方亦可到女方村寨进行同样活动，直到正月十五。农历三月初三，约定好的青年男女一起上山挖地种豆子、瓜、薯、棉花等，以后根据农事需要双方青年男女一起到“地瓦”对农作物进行管护，直到收获。这期间，男青年常常结队到女青年村里行歌坐夜，以歌传情；四月初八，女青年邀请男青年一起上

1.红猪厚礼摆古楼　梁　冰　摄
2.“月地瓦”仪式的高潮，是男青年们从随身携带的口袋中拿出月饼、糖果撒向象征着爱情、甜蜜、团圆、插满鲜花的大南瓜
3.走寨串巷一路倾情　梁　冰　摄

山砍竹子做晾布杆或者做豆棚瓜架；九月初九，男青年在“腊汉头”带领下邀请女青年一起吃刚收获的豆子茶；到了农历腊月二十左右，女青年在“腊咩头”（女领头人）的带领下回请男青年吃豆子茶。就是通过这种活动，不少青年男女由此建立感情并结缘。一年的“月地瓦”后，双方可以继续约定，如果没新鲜感了，也可以另外约定群体。这种活动时间长，参加人数多，是侗族一种十分古老而富有特色的婚恋习俗。

“月地瓦”的来由有着一个美丽、动人的传说。

相传在很久以前，独峒乡有两个村，一对素不相识的青年男女，到各自山寨的山上去砍柴。时值秋天，山上各种熟透了的野果真是诱人，这两个互不相识的年轻人像是有了某种约定似的，一人采的是野柿子，一人采的是野乌梨，采完野果后，他们都不约而同地说：我分一半给你吧。于是，他们把野柿子和野鸟梨分给对方一半。然后两人便相伴而归，心中产生了奇妙而甜蜜的感觉，经过一段时间的交往，这两个青年都将对方定为了自己的意中人。在农历八月中秋的一个大好日子，两位青年在各自家人的陪同下，带上自家的礼物，来到选定的一个美丽地方，正式商量他们的婚事。这两位青年的浪漫故事传开后，当地的广大男女青年纷纷效仿，侗乡的“月地瓦”由此而得名。

经过很长一个时期的发展，而今的“月地瓦”神奇古朴的民俗风情已成为三江侗乡民俗文化的一个重要内容。

你看，姑娘们早已在相约地点等候着心上人。姑娘们都用银饰精心打扮，像一只只倾巢而出的银凤凰，头插着银花，一步一闪，烨然生辉。脚下穿的鞋子也是用五色线从鞋梁绣到鞋口，形似侗民族的屋角挑檐，美观别致。随着悦耳的芦笙由远而近，一群男青年也随歌而至，他们的打扮也很有特色。头缠一大块头巾，身着对襟侗装，里穿白衣，打着伞，走起路来一摇一昂，很是神气。后面还有抬红猪的、赶牛的和挑礼物的人群，这些猪和牛都是男青年送给姑娘们的见面礼。当这群男青年走到面前，羞涩、腼腆的姑娘们一一紧跟着自己的心上人，一路倾诉衷情。

到了姑娘们的村寨时，鼓楼坪已熙熙攘攘地挤满看热闹的人群，当姑娘们向双方老人敬茶、敬烟后，便向心上人唱起了敬茶歌，抑扬顿挫的歌声在耳边回响，男青年们从随身携带的口袋中拿出月饼、糖果撒向象征着爱情、甜蜜、团圆、插满鲜花的大南瓜，撒向向他们祝福的人们，鼓楼坪成了一片欢乐的海洋。

2. 土王节坡会

土王节，是三江侗族自治县程阳一带侗族一个传统的青年男女社交日。每年农历谷雨前的二三天举行，地点多选择在村寨附近树木茂密的山坡上，因此也叫“坡会”。

每年的春末，桂北正是春暖花开的时节，满山油茶树上结着一串串压枝的茶花，像是期待和欢迎靓男倩女们的到来。早饭后，青年小伙子一个个换上清一色的侗布新衣，兴高彩烈地背起火药袋，扛上借枪，从四面八方赶往土王坡。姑娘们往往姗姗来迟，因为她们出门前要进行一番精心的梳妆打扮，即用酸水和茶麸水把乌黑的长发洗净，然后盘发，插上银梳，戴上银耳环，挂上银项圈，换上侗布新衣和百褶裙，有的还背上一个装纱锭用的竹篓，拿起一个绞纱工具，三五成群地朝土王坡款步走去。这个时候，方圆数十里的苗家侗寨的少男少女也满怀期待与深情，前往参加坡会。

坡会的主旨是青年男女以歌会友，以歌识友，以歌相知，以歌择偶。参加

1.少女穿上节日盛装赶坡会　李　桐　摄
2.2010年老巴坡会一角　吴永华　摄
3.赶坡会盛况

者以歌开路，以歌传情，高兴而来，兴尽而归。这样的活动没有固定程序。坡会上的主动者为男性青年。他们为了充分显示自己的才智和力量，以引起异性的注目，参加了比如斗鸟、吹木叶、吹笛子、比臂力、赛鸟枪，甚至打赌吃茶苞等活动；参加哪一项活动，将据其所长，随其志趣、爱好和能耐，以能一展自己的才能为准。

活动中，男性获胜，往往引来了一壁静观的妙龄女子的莞尔一笑。这一笑，犹如丘比特之箭，搅得弄技男子热血沸腾。不久，他便尾随莞尔女子而去，进入茶林深处以歌诉情了。与此同时，青年男女二三人为伴在茶林的人群中穿梭，或寻找已初步建立恋爱关系的对象或物色意中人。一旦相中，即进行对歌试探。坡会上，有些初涉情场的人，多面带羞色，言行瑟缩彷徨，他们往往由一个久历坡会的朋友相伴，寻找对象会歌。一般的会歌以盘歌开场，比花喻鸟，由远而近，探向对方是否已有恋人，是否愿意与自己交友，表白自己的身世和落寞空寂的求偶心情。其歌没有固定唱词和唱本，都是即兴编唱。如果没有编唱山歌的本领，在坡会上往往受到冷落，结果将会无功而返。盘歌之后，如对方有意，歌词即切入正题，互诉倾慕，并离开陪伴人，且歌且退，双双转入偏僻的茶林深处。而那些在坡会上重逢的恋人，歌词则直截了当，一会歌就是互诉别后的思念。唱到高潮时，小伙子就摘下成熟的茶苞，用藤条串成圈，套在姑娘的脖子上；有的把茶耳丢进姑娘的竹篓里；有的则把未脱衣（未长成熟）的茶苞塞进姑娘的嘴里。每当此时，姑娘们都乐意吃着吞下那味道苦涩的茶苞，因为这是男方对自己是否诚心的试探，也是自己对爱情的忠贞不渝的表白。

这一天，山坡茶林里是男女青年的乐园，歌声、木叶声、笛声、喝采声、嬉笑声此起彼伏，到处充满着欢乐诱人的气氛。午后，山坡林里，婉转的歌声，令人心驰神往，绵绵情意，道是无声胜有声。夜幕临降，姑娘小伙子们怀着诉不尽、扯不断的绵绵情意，互赠信物，山盟海誓，一步三回头，依依不舍地踏上了归途。

3. 笑语欢歌十五茶

这次到姑妈家去，正值农历九月十五日。刚吃完夜饭，饭碗还在盆里打旋子，邻居的二苟就过来了。他一进屋就扯着我的衣袖往外拉。我莫名其妙地问他："做什么去？"他喜滋滋地凑近我说："走寨，吃十五茶去。"

十五的月亮，像一轮银盘，在苍穹中悠悠漫步，洒下一派迷离朦胧的清辉。只听得寨子里"吃十五茶去"的喊声此起彼伏。后生仔们三个一群，五个一伙，唱着侗歌，吹着木叶，在寨巷中熙来攘往。

路上，二苟告诉我，侗家姑娘好打十五茶，是由来已久的习俗。因为月圆象征团聚，而那溶溶月色，也极利于后生们夜行，于是，每到月亮轮转复圆的十五之夜，后生们便早早地吃完晚饭，相邀结伴走寨去了。姑娘们吃罢晚饭，也不约而同地各自带着米花、黄豆、糯米等物，聚集到一家来，等待着来走寨的后生哥们。当后生们到来之后，姑娘们便喜形于色地打起油茶来，这油茶就称作"十五茶"。它之所以不同寻常，除配料更多、味道更美之外，还溶入了姑娘们的绵绵情意。

“不过，吃茶时还得经过一道关卡，到时候你可要注意啰。”二苟十分认真地说。我急忙问：“什么关卡？”二苟说：“答歌呗，答得上，有茶吃；答不上，望光光，惹人笑话。”我一听到要唱歌，当即想“退坡”，二苟拍拍胸口说：“别慌，唱歌算我的。”这我才知道，生活在侗寨里的青年男女，谁都懂得几支山歌的。

我们一到寨边，一群盛妆巧扮、嘻哈欢笑的姑娘便迎了出来：“斋哩，踩着松叶子了吧，这么滑错脚啦，也肯到我们这里来了？”二苟们回笑：“买哩，我们一天三次在这里转，你们的门槛都给我们踩矮了啰。”（“斋”，侗语词称谓词，汉字记侗音，是姑娘们对小伙子们的称呼，可以理解为“情郎哥”、“表哥”、“哥”等意思。与之相对应的是下文的“买”，是小伙子们对姑娘们的称呼，可以理解为“妹妹”、“表妹”、“阿妹”等意思）一阵调皮的“十八话”（即青年话）过后，姑娘们便把我们带到屋里去，大家围着火炉款款而谈。姑娘们泼辣伶俐，二苟巧嘴快舌，不时激起一阵阵欢乐的笑声。

时间不知不觉在流逝，时近午夜，一个姑娘突然说道：“斋哩，走远路，饿了吧，快拿糖出来打油茶吃吧。”于是，二苟像变戏法一样拿出一大包糖来：“买哩，糖再甜也不如你的茶甜，打扰了啰！”就这样姑娘们便分工张罗着打起茶来。不一会，茶打好了，一个水竹般清秀的姑娘，站在盛满茶碗的茶盘边略带歉意地对我们唱道：“妹的油茶淡又清，妹真羞呀，捧来把哥敬。万望哥呀莫嫌意，闭上眼睛慢慢吞。”

二苟清了嗓子，不慌不忙地应接道：“妹的油茶香又甜，未曾进嘴醉心间，哥若吃上它一口，十年八载嘴还甜。”

姑娘们笑了。水竹姑娘端起茶碗，并在碗上放上两双筷条，双手恭恭敬敬地递到我面前来。我正想伸手去接，二苟立即用眼色止住了我，脱口唱道：“爸妈养哥，只有两只手咧。一边手拿一双筷哟，还有茶碗难到口。”

歌声刚落，水竹姑娘便把筷条全收了去，又把茶碗递了过来。天啊，没有筷子怎么吃？我不敢接，用眼睛向二苟求援。二苟笑了笑唱道：“河里有鱼无网撒咧，山中有鸟没有枪打。哥想吃妹这碗茶咧，没有筷子哥无法。”

姑娘们听后，立即把一根筷子放到碗上来，我刚要伸手，又被二苟止住：“今夜我哥来到妹家中，好比林中凤求凰。一双筷子情意重，又得吃茶又连双。”

姑娘们羞涩地笑了，于是便在碗上加了一根筷条。

后来我问二苟，姑娘们为什么要在筷子上出难题？二苟告诉我，那是她们无言的情话。放两双筷子，意思是试探你是不是早已有对象；不放筷子是考你是否聪明；放一根筷子则问你是不是对她有情意，只有放上了一双筷子，才表示双方情深意笃，心心相印了。

啊，十五茶，它是侗族姑娘的情意，也是侗家青年男女互相接触了解，增进友谊的绝妙方式。它就像十五的溶溶月色那样明净、幽美，令人痴迷陶醉。

（杨海标）

4. 行歌坐夜

侗寨有行歌坐夜习俗。夜深人静，寨上除了纺车声外，别的声音都听不到了。听得出有两架纺车声，并且都加了小耳（这是区别老人与姑娘纺纱的标志，姑娘的纺车加小耳，声音特别响亮动听）。走近木楼伸手推门，大门关得紧紧的。我们的心顿时高兴起来，说明屋里没有本寨后生，姑娘专等我们。

我俩走到窗下，轻轻弹起琵琶，但屋里两架纺车那么响，琵琶声这样低柔，很难传到姑娘的耳里。于是我们同时唱起《走寨歌》："隔一重山哟又一重岭，远路行歌到你村，燕子春日归来成双对，雁鹅远飞难离分。"这时屋里的纺车声突然停住。显然她们被歌声惊动了，于是我们又接着唱："月亮光光照墙脚，早就有约哟，才到这里来行歌。"这时屋里只留有一架纺车的声音，半开的窗口有个人影晃动，姑娘在偷看窗外是谁，于是我们轻轻喊叫："开门坐一下哟，人家的情人！""是哪里来的后生？"姑娘反问了。"离这里有九重岭，我们寨上都是单身的后生，像蜜蜂一样到处乱飞乱寻……"这些话可以

男女青年行歌坐夜现场　张清澍　摄

顺口编说，但都不顶真，对方并不要了解讲话的内容，只是要寻找她熟悉的语音。我们也不必说出真话，为的是考验她还记不记得我们，有没有一同坐夜的诚心。

“屋里还有谈话的老人，寨上还有唱歌的后生，月亮刚刚爬上对门山顶，等一等哟远路来的情人！”一支清脆的歌声飞出窗口，飘进耳门，碰碰身边的同伴——听到了吗？姑娘已经答应开门。但是不能到大门口去等，如果那样，姑娘走下楼来，知道你在门外等，她不会给你开门，那是不懂礼貌的表现。为了回避在门口“碰头”，我俩故意边走边唱：“有心结情不怕路程千里远，有心结亲不怕事情大过天。”隔不久，两架纺车的声音就像唱“双歌”一样，飞出木楼，飘向夜空。我们判断姑娘已经作好准备，只等我们去推门。于是我俩收住歌声，悄悄走回大门口，轻轻一推，大门“咿呀”一声，好像说“来啦？请进！”我们转身闭门（但不能闩门，这是规矩）。走上楼梯时，故意放重脚步，让屋里的人知道我们来了。走到堂屋门口，门是半开着的（因为火塘烧柴，门和窗都不能关紧，以便火烟飘出，空气流通）。我们稍停一下，看屋里是否还有老人。这关系到进屋的礼貌。如果老人在场，进屋就要先问候老人家。这时只见屋里的两位姑娘专心在纺纱，似乎有人站在门口她们根本不知道。我俩推开门，齐声问：“姑娘在做什么呀？”“等你们呀！”她俩也齐声问答，头也不抬，装着严肃和满不在乎的样子。明明有两张凳子摆在那里，我刚想去坐，同伴扯了一把，他唱起了一首歌：“石头板凳硬又硬哟，铁打板凳冷冰冰，你家木头板凳实在好，我们坐了暖又亲。”唱完之后才慢慢坐下。我心想：差一点又失礼了。这时，一个叫培花的姑娘用命令的口气说：“阿恩哥不讲礼，罚你一晚帮整火！”“莫讲帮一晚，就是帮一世也愿意啰！”我这时，心情才轻松一点，因为进屋的那一套礼节性对话算是完毕。这时候，好像是老相识了，可以自由地对话或对歌，可以谈别后的相思和对未来的憧憬。

我们开头是两男两女对讲对唱，后来就分成两对了。我见包林和培梅细语绵绵，歌声娓娓，好不羡慕。我因歌才太浅，大都用话语对答，幸亏我有添柴整火的任务，不然会出现许多冷场。我们不知谈了多少话，不知对了多少歌，也不知时间过了多久，都觉得有点饿了。培花架锅要打油茶，我俩建议煮糖粥。她俩认为三更半夜买不到糖。包林说：“不要紧，我去买糖！”说罢，他便走出门口。两位女伴似乎有点不信买得到。我说：“不要紧的，我的同伴最有办法。”其实我心中有底，因为和姑娘约会，一“坐夜”就会坐得很晚，女方讲客气就打油茶招待。男方舍得就买糖来煮糖粥，说明友情已到了相当的程度。我俩为了有备无患，刚才来到寨外就把糖藏在草堆里。

三脚架上的糖粥滚了，我们的心也像糖粥一样又甜又热，说的话好像都是甜蜜蜜的。这时就是“坐夜”的高潮，纺车也好像为绵绵细语让路，退到墙角去休息了。这时，不管感情达到怎样的程度，都是互相尊重的，不然就会受到对方的谴责。我们分成两对，各在火塘一边，各坐一条凳，互相交谈。虽谈不上定情结婚的事，但可以互换信物，今后继续往来，做一位要好的朋友（这是完全自由的，但如果要结婚，一定要通过双方父母，正式托媒说亲才算。）我不知包林得到什么，我是得了一个银耳环。我一时不知如何是好，匆忙把电筒递给对方。电筒虽不值钱，但愿它照亮我们的友情。

鸡啼四遍了，唱罢《银情告》（即旧情人），又唱《银情更赖》（即远路情人）。深夜，火塘边，琵琶歌轻声地唱，实在有几分迷人。等到鸡啼五遍，我们才走出寨门。

（杨通山）

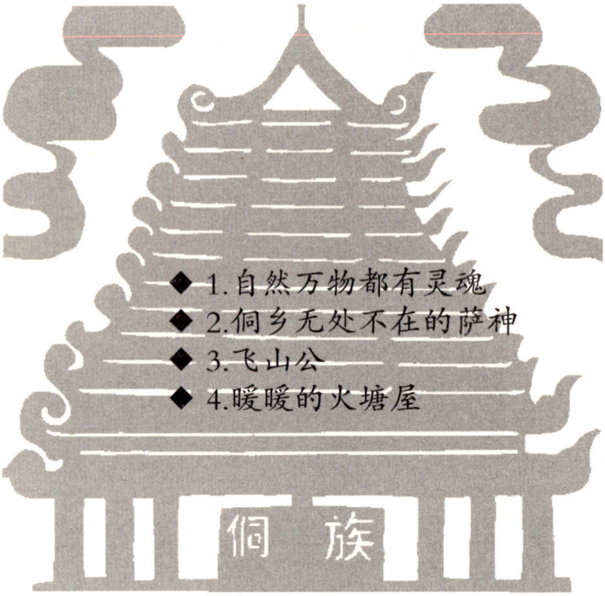

◆ 1.自然万物都有灵魂
◆ 2.侗乡无处不在的萨神
◆ 3.飞山公
◆ 4.暖暖的火塘屋

第八章

久远的民族信仰

1. 自然万物都有灵魂

自然界是人类初期最直接崇拜的对象，是所有民族皆经过的信仰阶段。侗族先民也是如此。侗家人认为万物都有灵魂，因而崇拜祖宗，敬畏鬼神，崇敬世间万物。在侗家人看来，自然界中存在着某种神秘的、超人的力量。无论是天上的日月星晨，地上的山川河流，还是各种动植物，人工建造的桥梁、楼阁，以及四季的变化、莫测的风雨雷电等等，皆来自有生命的神的威力。比如：天神——他们认为天是神圣的，不能得罪的，否则会降祸于人们。因此，每遇有大事或天灾人祸，则要祭祀天神。地神——又区分为土地公和土地婆，前者是守山冲的神，后者是守树林的神。因此，不同地方，如在山冲祭土地公，在树林则祭土地婆。也有在农历六月初六祭田土的风俗。树神——村寨中的巨树，多是人们崇拜的对象。被氏族或村寨认为是神树的，不但不能刀斧砍，连枯树枝叶也不能当柴烧，大家倍加爱护。大树常被认作新生婴孩的“婆婆”，是保佑孩子顺利成长的。禾谷神——禾谷是吉祥物。在节日礼仪中，往往以禾谷作礼物。年轻姑娘用

1.古榕根处贴的红纸、上香焚纸
2.寨子边上的老树，也成为人们拜祭的处所
3.村头的土地公

禾谷穗作为定情之物。河边的桥上挂几穗禾谷，表示吉祥、平安。去亲戚、朋友家聚会，或者有重大的集体活动，妇女和姑娘们也总是带一把禾谷。牛神——人们传说牛是天神派下来帮人们耕田的。他们常把牛角挂在鼓楼或堂屋里，以示祭它。每年农历四月初八为牛的诞日，这天让牛休息，给牛洗澡，喂糯米饭，用老酒喂它，给它插上鸡尾，以示祝福。每年在春耕大忙之后，还要祭牛。

除牛之外，羊、鸡、鹅等家畜也是崇拜对象。另外还有龙神、雷神、太阳神、月亮神、灶神、火神、主管生育的神等等，凡自然界的一切自然现象皆是神灵。与此同时，他们还认为一切自然现象也皆有鬼，而鬼也有善恶之分。在人世为善者，死后能入家族的祖坟者，均为善鬼。凡因灾祸而死的（非正常死亡），死后均不能入祖坟，均为恶鬼。人间的灾难都是恶鬼所致。因此，他们祭神的同时，也往往要祭鬼。

总之，侗胞从祖祖辈辈一代一代传下来的观念里，认为自然万物都有神灵，天地间的事物小到一块石头、一棵树、一眼井，饲养的或野生的各种动物及生活用具，大到一座山、一条江河等，都附有灵气，与人们的生存祸福息息相关。如嫁出的女性生头胎小孩满月回娘家时，总要到萨坛的黄杨树上摘几片树叶放到身上，以求黄杨树叶上附有萨神神灵保佑。“月也”时（村寨集体做客），总要先到萨坛摘一两片黄杨树叶放进各自的衣兜里，祈求萨神在自己外出时保护自己。平时妇女或小孩上山或走亲戚，总是要摘一小支“巴图王”（一种蕨类植物）插在头上或衣襟或袖口上，并念诵符语：“巴图王，巴图王，爽捞吾身亥要芒（汉字记侗音）。”译为汉语，意为把“巴图王”放到身上，什么也不害怕。路上渴了，碰见泉水，喝水前总要先打一个草结丢到井水里，意为请求管理井水的萨神赐水。建鼓楼或民房需要砍伐木材，上山时总要在山林中最大一棵树下，烧几张纸钱，念念有辞请求山神赐木建房筑楼。

2. 侗乡无处不在的萨神

走进侗乡山寨，可以看到一种独特的祭祀场地——萨坛。它是侗家人奉祀女神——“萨岁”的地方。侗家人认为“萨岁”是人类的始祖，是护送灵魂之神，同时又是稻谷之神和酒神。她主管生育、婚姻、风雨雷电、山村田土。“萨”在侗语里意为祖母。“萨岁”就是已经去世了的祖母或先祖母。她是侗家人心中的保护神，是最高女神。

“萨”的来源有几种说法：一、相传她是侗族的远祖母神，生育了天地人间的万物；二、她是侗族神话中的女娲神。创造了天下仅有的姜良姜妹两兄妹，他们相配成婚后才有了人类。流传得最广的是第三种说法，即她是一位反抗强暴的女英雄。远古时，侗族一个叫杏妮的女首领为了反抗官家的压迫，举起义旗，率领侗家子弟为保卫自己的山寨和父老乡亲奋起抗敌。后因寡不敌众兵败被围，她毅然跳下悬崖，壮烈殉难。此后杏妮就成了侗族人心目中的萨神。

萨坛的建筑很独特，它不像其他民族那样设在堂屋神龛中，而是一个坟

1.三江县独峒鼓楼后面的萨坛
2.独峒萨坛内的祭台
3.八江寨萨坛屋内的神龛
4.祭台上萨神铜像与开祭前场景

茔，一个用泥土构筑起来的圆丘土包。土包用石块砌成。高约一米、直径约三米。丘顶植一株常青树，插上半开半合的红纸伞，周围摆上白白亮亮的岩石。有的给萨坛盖个小屋，称为亭萨，内设神位，或给萨坛围个墙、修个门，萨堂一般挖约五尺深的长方形、四方形或圆形的一眼井，仰放一口铁锅，锅中放有剪子、草鞋、纺车、刀剑、杯盘碗盏、裙、袜、银器首饰等物，再盖一口铁锅，然后用土埋好，堆成约三尺高的土包。

建筑萨坛特别讲究，很有神秘色彩，还必须要请“鬼师”来占“鸡骨卦”以确定“萨”的神位。筑起高墙，土堆要求保持干净、庄严、肃穆，禁止小孩子嬉戏等。

侗族祭萨有不同的形式和活动。它可分为普通祭、出行祭、战时祭、唱歌哆耶祭、一年一小祭、三年一大祭等。普通祭在农历初一、十五或逢年过节。出行祭是在集体出寨作客或比赛芦笙时，到萨堂举行祭祀仪式。战时祭是全寨有作战能力的男女武装起来，到萨堂举行仪式。有时举行象征性的军事演习活动，也有隆重的祭祀仪式。这时全寨男青年在一位长者的带领下来到萨堂敬茶，静听寨老诵《祭萨词》和《出征款》。然后在铁炮和呼号声中冲出寨外。最后全寨青年男女手拉手地跳起“多耶”舞，唱起赞颂“萨岁”的踩堂歌多是男女青年在互访和赛歌、赛耶时，首先要歌颂祭祀“萨岁”一番，以示对“萨岁”的敬意。一年一小祭，三年一大祭；举行祭祀时，杀猪宰鸡吹芦笙、请祭师念诵《祭萨词》。大祭时人们着盛装聚集在萨坛前面举行盛大的祭祀礼仪，唱歌、吹芦笙、讲故事，缅怀先祖母的功勋，用火镰敲击火石取火，象征先圣母给侗家带来光明和幸福，等等。

最隆重的大祭更是费时费力，据说1933年三江独洞寨祭萨，全寨人耗时三年才找齐供品（其中包括一窝恰好九层叠起的蚁房，一勺浔江、溶江汇合处的漩涡水等）。“安萨”（即安萨玛神祭坛）时，全寨的人欢聚三天，三天里举行芦笙踩堂、跳舞、琵琶弹唱等活动，颂赞“萨岁”神灵。在举行的仪式高潮时，由寨上生肖属鸡的人用火镰击打白石颗，采得火种后点燃祭坛圣火；接着各家各户采撷圣火点燃自家的火塘火。安萨仪式始末，表示无所不在、无所不能的“萨岁”神灵重新庇佑子民安康幸福，并永保山寨得安宁。

3. 飞山公

在侗族地区几乎每村每寨都信仰飞山公，祭拜飞山大王，立有飞山宫或飞山庙。平时，村民都把飞山公当作全寨的主要保护神和祖先神。村寨内无论举行什么重要活动比如过年过节、“月也”、唱戏、芦笙赛等，都要先祭祀飞山神。听老人们说，侗家人说起对飞山公的信仰几乎没有什么禁忌，可以随便进出飞山庙，只要不在里面排放污物，不污言秽语亵渎神灵。当然，祭祀时，家有孕妇的人家不能参加祭祀的相关筹备活动，如杀猪、分肉、鸣炮等。

独峒飞山宫正门

正月初九是三江县马胖侗寨“飞山宫”佛事开光吉日　网友“大山一叶”　摄

那么飞山公是什么来历呢？村村寨寨都流传这样一个故事：

从前，在湖南靖州飞山脚下的东南方，有一个大寨，寨上住着三百三十三户人家，种着三千三百三十三担山坡地。这里粮食富足，尤其是这里的山林中生产的木耳是难得的山珍，老百姓的日子过得实在安乐。

不料有一年，皇帝派来了一个县官，叫杜长南。他脖子生得又粗又短，脑壳又尖，心肠狠毒，一肚子坏水。他一上任，就派人到各寨贴出了一张张告示，派捐派款。这天，又贴出一张告示，上面写道：“皇帝要木耳，每户一百斤；哪家没有交，就用人耳顶。”天啦！这怎么得了！每户要交一百斤木耳，全寨每年最多也只能收三千三百三十三斤，全都交了，也还差得远。第一年有七七四十九个人被割了耳朵，第二年有八八六十四个人被割了耳朵，第三年又有九九八十一个人被割了耳朵。山上的木耳越来越少，人耳越割越多。老百姓有苦无处诉，有冤无处伸。寨子里有两兄妹，哥哥叫做杨再思，生得高大魁梧，有搬山的力气；妹妹叫杨八美，长得像三月的山花，聪明伶俐。兄妹俩靠打猎为生，都练得一身好武艺，有胆有谋。杨再思见杜长南那么坏，早已气得两眼含火，七窍生烟，拿起刀就要去杀杜长南，杨八美一把拉住哥哥的手说："不行，好汉难斗三只狗。你一个人去，不但杀不了狗官，而且自己的命也难保。"

杨再思把眼一瞪："难道我们就这样听任'肚肠烂'欺负吗？"杨八美说："我们得把全寨的人都联合起来，作好准备，然后就……"杨再思同意了妹妹的主意。从这天起，兄妹就走东家，串西家，暗暗串通了寨内的男女老少，磨刀削棒，造弓制箭，足足准备了三个月零三天。这天正是正月十五，每年一度的灯节开始了。只听见寨中的祠堂楼上一声炮响，一个威猛的哈龙舞出来了，举这个龙灯的不是别人，正是杨再思。他举着这个灯穿街走巷，昂首前进。这哈龙像母鸡下蛋一样，随后出现的龙灯越来越多，不一会就形成了浩浩荡荡的龙灯队伍，舞龙过程中乘机舞起刀棒，对着那些兵丁一顿乱打。八条灯龙兵分八路，焚烧了官兵的三十六座营帐，打开了官府的四十八座粮仓，一个晚上就把杜长南的三百官兵杀得个精光。

可惜杜长南趁夜逃走了，他跑到巡按处，搬来三千救兵。杨再思考虑到很难抵挡官兵的围攻，于是便带领全体男女老少退守进了龙峰峒（即今龙凤岩）。为了表示与朝廷反抗到底，他们自称"峒人"，这就是"侗族"的来历。从此以后，杨再思为抗御朝廷做了各种准备，自称诚州刺史，率领侗人与朝廷长期对抗。名声威震八方，成为侗家人心中英雄。杨再思死后更是成为侗寨的守护神，一代传一代。因为杨再思是从侗乡飞山脚下发起是飞山地区的英雄，所以人们都叫他飞山公，村村寨寨都立有飞山宫、飞山庙，以永远怀念、祭奠他。

（李景万、石昌孝）

4. 暖暖的火塘屋

侗家人对自己的祖先很敬重，认为老人虽然去世，但老人的灵魂每时每地都跟阳世间的儿孙辈们在一起，保护儿孙们安全，庇护他们办事顺利。其中，火塘屋就是先祖灵魂与阳间儿孙辈共同存在的空间之一。

我的老家在广西北部山区，那里的每家每户都有一个火塘。简简单单一个直径半米左右的土坑，却是家的中心、家的精神栖息地。早晨，一家人围着火塘吃早饭，然后，该上学的上学，该干活的干活；晚上，一家人从四面八方聚拢到火塘的周围，吃饭、聊天；午夜，聊得困了，就熄了火去睡觉。每天的生活从火塘开始，又在火塘结束，春夏秋冬，周而复始，从未停止。火塘在冬天的夜晚最具魅力，特别是饭后，柴火烧得正旺，劈啪作响。男女老少把火塘围个严实，火塘就成了会议中心。男人们面向火塘聊天，谈活计、谈收成、谈打算、谈张三的媳妇、谈李四的庄稼，聊得兴味盎然，一天的劳累就在聊天中被抛到九霄云外。女人们也没闲着，她们拉家常、打毛衣、缝补衣物、添柴倒茶，偶尔对男人的话

1.火塘间，日常起居饮食的地方　张清澍　摄
2.祭祖，在火塘三脚架处焚香化纸

题发一两句评论。没有客人，一家人围着火塘无话可说的时候，便静静地坐着，盯着火苗沉思，或是拿根树枝，在灰上胡乱地写写画画，也是一件惬意的事。火塘里永远都烤着大肚的茶罐、酒罐。茶是自家种的，没有名字，每年清明时节采下炒好，揉搓成团；喝时熬一罐，倒一杯，慢慢品，苦涩中暗藏一丝甜。酒是自家酿的，原料多为杂粮，俗称“农家乐”，低度，但多饮也会醉人。要是在冬季，火塘上一定会挂满一串串自制的腊肉。客人来了，割下一块炒上，满屋子飘香。后来，我外出读书、工作，远离故土，远离火塘，远离乡亲。在异乡寒冷的冬天，屋子里没有火塘，也没有取暖设备，我躲在被子里蜷成一团，想起火塘，竟有一股暖流传遍全身。真的很怀念火塘，它是我心中暖暖的乡愁。

逢年过节时，侗家人会在火塘屋进行祭祀先祖活动。大年三十这一天，每家每户都上上下下的忙活了一个白天，如宰杀年猪、鸡、鸭，捶糍粑，写春联贴春联等等一派繁忙、沸腾的景象。当夜幕降临时，整个侗寨立即笼罩和沉浸在庄重、严肃、神秘的氛围当中。火塘屋里一片沉寂。据说，此时不宜喧哗，否则会影响人与神灵的精神对话，也是对祖先神灵的大不敬。“祭司”是每家每户的家长，或家中辈分长者，亦可以由社会地位高的比如“吃皇粮”（国家干部）的人来担任。“祭司”在火塘屋里，择一宽敞处摆好餐桌，把煮熟了的鸡、鸭全只置于大盘，使其抬头翘嘴，朝火塘中心。一块煮好了的长条猪肉，卷置于盘中。三碗用鸡鸭汤煮的粥、三个不大不小圆糍粑、三个酒杯、三双筷子。筷子是反着摆放，即用于吃东西的一端朝桌子外，向着火塘。然后，摆上三个凳子，备好香烛和钱纸。等到全家人都集中到火塘屋来时，“祭司”开始点燃香烛，供上酒水。

1.在火塘的东边摆上祭品，筷子、被子、凳子等均为单数，电视机在播节目，小孩在玩儿，一派祥和的情景
2.清明上坟祭祖

这时，一边点香烛，一边就念念有词的招呼各位先祖神灵来进餐过年。点燃了的香烛，在未焚化钱纸之前，横着插在三个并排着的酒杯中间，让燃引的香烛烟自然地扶摇直上。“祭司”在敬酒过程中，不断的在祈福、求富，许愿求安，一直到酒过三巡完毕。口中念念有词：“祖公祖婆，来啦，来吃年（饭）啦，吃年吃当初，吃年吃永远，祖祖辈辈吃安康，老人吃香睡暖，小辈康乐做什么成什么，在家生计千金，外出钱财百万，读书有收获，勤动身来财易进，跟朋跟友，跟团跟寨，祖公保佑，祖婆纳财，太祖（们）管好田地，家里男女老少，新年行好运，来年大吉大利。”

祭词念完，即点火化纸，把桌台上燃引着的香烛拔起插在火塘中的铁三脚架旁，把居中的一杯酒水，洒溅在焚化的烧纸灰堆中后，其余两杯让全家每人饮一小口，祭祖的仪式宣告结束。

（廖保平、吴鹏毅）

侗 族

第九章

璀璨的民间艺术

1. 福桥

侗家人对桥的尊崇超出了人们的想象。大凡依山傍水的侗寨，寨尾溪河的下游十有八九架设木桥。有的寨子把桥修得富丽堂皇，桥墩是青石板叠砌，桥身为杉木打架，青瓦压顶，廊、亭、阁连为一体。侗家人把这种桥叫福桥、花桥，文人们称为风雨桥，建筑史上称为廊桥。有人说这桥是侗家人进出寨子歇脚避风雨的地方，肤浅了；有人说是侗家男女青年谈情说爱的场所，也错了；有人说是风水桥，比较贴切。我想，侗家人如此钟情于桥还缘于一种叫“暖桥”（祭桥）的观念：侗家人认为，人从阴间来到阳间都要经过一座桥，那桥上系着自己的魂魄。一年到头，在大年三十年夜饭之前“暖暖桥”，既是对生命通道的感谢，又是对自个儿魂魄进行安抚。侗家的桥，不仅仅是一座桥。读懂了桥，才能读懂侗族文化。

侗乡村寨，处处桥亭。广西三江侗族自治县的程阳桥，是全国重点文物保护单位。程阳桥横跨林溪河面，全长64米多，四孔五墩，桥宽3米多，高10

程阳风雨桥　张小宁　摄

米多。桥的正梁，每孔用直径一尺六寸的七根连排大杉木分上下两层组成。上面铺板、竖柱、盖瓦，桥两边装栏杆、设坐位。构成一条长廊式的走道。桥上建有五座楼亭。当中一座是四层六角塔形，两边对开四座是四层四角塔形和殿形。楼亭重重，气势雄伟。亭檐巧妙地采用挂方挂撑的方法，层层支撑而上。整座桥不用一枚铁钉，全是杉木凿榫衔接，大小条木，横穿直套，上下吻合，纵横交错，结构严紧。在桥亭和桥廊的板壁上还雕有许多精美的侗族图案。最使人赞叹的是由于桥墩之间跨度大，侗家的能工巧匠就在桥墩上放三层逐渐伸长的连排杉木为墩柱桥梁，把两层正梁架在挑梁之上，从而缩短了跨度，减轻了大桥挠度。墩柱挑梁以桥墩为支撑点，挑梁为杠杆。五座桥亭各自起重力平衡作用，使负担载近10万公斤重的正梁安然不动，飞架南北。

这座桥自1916年以来，车水马龙，通过了千千万万南来北往的人，也接待了不少参观者。人们无不惊赞侗族劳动人民高度的建筑技巧。殊不知它凝结着多少个乐善好施的侗家人的心血。看桥阿公说，这座桥是程阳、马安等八寨的50位侗族老人领头建起来的。他们吃家里的饭，做众人的事，一边种田，一边参加大桥劳动，管理大桥事务。他们走遍百里侗乡，发动千家万户捐木、捐钱、捐粮、捐工，请来最好的“桑罢”（石匠）、“桑美”（木匠），前后花了十二年工夫：凿石、备料、砌墩四年，拉木、架梁三年，竖亭、盖瓦、装饰桥面五年。程阳桥建成后，桥上原镶有几十块大石碑。碑上刻有各村各寨捐钱、捐工者的名字。有捐银几十元的，也有捐几毫子甚至几枚铜板的。

……

程阳桥的修建，还藏着一个家族的秘密。

今年86岁的杨善仁很少出现在公众的视野，他的父亲杨唐富，就是当年领头发起修建程阳桥的人之一。

为了修桥，杨唐富把家财悉数捐出，最后把田也抵押了出去。并非村里“首富”的杨唐富，为何对修桥那么上心呢？杨善仁说，到他父亲这一代，已是三代单传了，结婚几年仍无子嗣的父亲深恐无后，焦虑万分，遂把希望寄托在修桥上。不知道是心诚所至，还是别的什么原因，程阳桥完工后一年，盼星星盼月亮的杨唐富终于有了一个儿子，他把儿子取名叫杨银桥，以纪念耗尽银子修桥带出来的好运。当年的杨银桥后来改名叫杨善仁。

三江县城新建的三江风雨桥位于广西柳州三江侗族自治县浔江河上，集侗族特色木构建筑技艺精华于一体，全桥长368米，宽16米，最高处为18米，有7个桥亭，其长度和规模均为世界之最，堪称世界第一风雨桥。据了解，目前当地政府相关部门正在积极申报“世界最长的风雨桥”吉尼斯世界纪录。

“我3岁时父亲就过世了，我家仍然是单传。”承载着家族人丁兴旺的希望，杨善仁成人后，仍然热衷于修桥，“算上1983年水毁程阳桥的重建，我大大小小修了10多座风雨桥”。这当中，包括香港、澳门回归时，自治区政府赠送给特区政府的同心桥、望归桥（程阳桥微缩版），以及现存于南宁市古城路广西文物苑里的风雨桥，都是出自他的手笔。

伴随着一座座风雨桥的面世，杨善仁家也开始壮大起来，他膝下现有五男二女，孙子十余个。儿子都从事家传的老本行，其中最出名的是杨似玉，他2007年被国家文化部授予“侗族木构建筑技艺传承人”的称号。他和几个兄弟子侄一道，把风雨桥、鼓楼造出三江、广西乃至全国。

杨善仁家的人丁兴旺是否真与修桥有关，这与侗族人热衷修桥里潜藏的“风水观”是否科学一样，无法评判，只知道，千百年来，侗族人就这样虔诚地逢水架桥，传承着、敬畏着这一民族传统，最后把它演变成全民族的一项公益活动，将家族和民族的梦想与希望，变成了一座座实用而赏心悦目的风雨桥。

（周东培、吴桂贞、莫仁力）

2. 鼓楼

鼓楼是侗寨特有的标志。每个侗乡村寨，几乎都建有座鼓楼，较大的寨子甚至超过三座。鼓楼结构精巧，飞阁重檐，层叠挺拔，巍峨庄严，气派雄伟，秀丽玲珑。为什么侗寨都建有鼓楼呢？这里有个神秘古老的故事。

传说在漫长的原始时代，到处是茂密的原始森林，森林里野兽横行。那时侗族的祖先就居住在这种恶劣的环境里，为了躲避野兽的伤害，他们住在树上，但仍有不少人因为野兽的袭击而丧生。幸好当时有个名叫古头的大力上，他每次都会帮助大家将野兽赶跑。于是，大家开始崇拜和尊敬他，古头自然而然逐渐成为原始人群中的首领。

传说古头不仅力气大，而且有法术。每当野兽群疯狂地向人群进攻，古头就让大家赶快躲到树上去，他独自与野兽群进行战斗。最后如果打不过，他就会变成只画眉鸟飞到树上，野兽便无法找到他的身影了。他变成画眉鸟后，在树上歌唱着：

1.吊脚木楼簇拥着的高秀中心鼓楼
2.三江高秀中心鼓楼一角
3.三江梅林乡梅林村的勒成鼓楼夜景
朱永辉　摄
4.三江独峒新建鼓楼构架
5.三江县城三江鼓楼内部局部结构

林中野兽太猖狂，我的铁手硬梆梆。
要和你们斗到底，明天叫你见阎王。
不见阎王不甘心，我有千万的神兵。
誓把猛兽消灭尽，人群狂舞享太平。

有一次古头在率领大家与野兽搏斗时，兽群越来越大，越斗越猛，见形势不好，他赶快叫大家躲到树上，留下他一人与兽群血战。最后寡不敌众，他就变成了一条蛇，想爬回树上暂避。不料，一只凶恶的老虎扑过来，咬断了他的尾巴。古头忍痛爬回树上，但因为尾巴被咬断，他再也不能变回人了。

大家失去了勇敢的领袖古头，深感悲痛，于是搭了一座茅棚，每天早晚在此棚内祭奠古头首领。这座茅棚，就叫古头棚。后来，人们学会了用兽皮制皮鼓，就把鼓放在古头棚里。当看到野兽来伤害人群时，人们就击鼓，用鼓声吓退野兽。再后来，随着生活水平和建筑技术的发展进步，茅棚改成了木楼，人们就把有鼓有楼的木房叫鼓楼。

还有鼓楼源于杉树的说法：

很久前，人间还没有村寨，人们在树上搭巢而居。江边有一棵杉树，长得又高又大，树叶十分茂密。树干十多个人牵手环抱都围不过来，树枝有水桶一样粗，密密麻麻，层层而上，伸展出去很宽，有九层，可以铺草睡人。冬暖夏凉。于是，很多人住在树上。在树根周围生活、跳舞。可是一年，洪水暴涨，大树被淹死并倒下，人们没有地方居住和聚会娱乐了。老人们便邀集了很多人，有的用肩扛，有的人用藤来拉，大家合力把倒下的大杉树拉到一个较高的宽敞的坪地上。人们在坪地中间挖了个大坑，把树蔸插入坑里，然后拉的拉，撑的撑，把大树慢慢地竖起来，填上土，大树立稳了。人们在顶层树枝上盖上茅草树皮，杉树可以住人了，人们又开始生活、娱乐。后来，人们就围着这棵大树采用同样方法，盖起很多小木楼。这样，人间就开始有了村寨。那棵大杉树就是现在我们所说的鼓楼，独柱鼓楼。

如今，侗乡村寨，几乎寨寨有鼓楼，甚至一个村寨按不同姓氏或房族来各自建造鼓楼，这个寨也就鼓楼林立了，很是壮观。

到今天，鼓楼建筑（包括风雨桥等其他侗族木构建筑形式），由原初的生活需要发展到现在的生活审美化，侗族木构建筑营造技艺已享誉海内外，并于2006年进入第一批国家级非物质文化遗产名录。（吴跃飞、吴浩）

3. 凉亭

侗乡到处都有凉亭，在路边，在山梁过坳处。

看那山脚下曲曲折折的羊肠小道，盘山过岭，起伏绵延，像扯不断的丝线，古道上每隔几公里就有一座古朴的凉亭，像串在丝线上的珍珠，点缀在山野之中。山路很难走，沉默在林阴下的山路，终年不见阳光，石级潮湿且布满了青苔，环绕田边的小路更是泥泞没过脚背，只能小心前行。那一级级一步步或石板或土坎构成的山路，在千峰万岭上艰难爬行，就像古书的装订线，把历史和艰辛缝在一起。

脚下又瘦又弯的山路，曾是侗、苗、瑶、壮、汉民族村与寨相连的纽带，是山区民众挑盐、运粮、耕种、求学的必经要道。不知凝固了山里人祖辈多少苦涩的汗水和泪珠。伴着行路的艰辛，大山里才出现了步行人的驿站——凉亭。千百年来，这块神奇诱人的沃土沉稳地托起了上千座古朴实用的凉亭。几根杉木柱子支撑着凉亭亭盖，凉亭古朴的身影点缀在山间，经受着山风山雨的洗礼。

1.梯田路边的凉亭及热天避暑歇息的路人
2.路边凉亭和井亭　张清澍　摄

有人说凉亭是远行人的加油站。那些抱着梦想和憧憬远走山外的人，那些思乡的游子，每当踏上这悠悠山路，必定要经过许多凉亭。这些凉亭大都建在山口或山巅上。夏日炎炎，烈日如焚，疲惫的行路人走进凉亭，沐浴阵阵清凉的山风，顿时忘记了炎暑与疲劳。古人曾体验行路的艰辛，在凉亭里留下赞美的诗句："火云漠漠日炎炎，最苦行人是夏天，披襟到此聊一坐，清风买尽不须钱。"有的凉亭建造在有泉水流出的路边，井边挂一个竹筒杯，行人走到此又累又渴，饮上几大杯大山无偿供给的清甜乳汁，又鼓起了前进的风帆。

凉亭是侗乡劳作者的歇息处和午饭厅。那些建在半山梯田边的凉亭，不仅给过路客纳凉歇脚，还给附近种田人提供躲雨、歇息的方便。春种、秋收季节，这些凉亭就热闹了，柱子上、穿枋上挂满饭盒，中午开餐时，坐在凉亭的长凳上，摊开饭盒，互相品尝各自带来的美味菜肴。

凉亭是民间艺人施展才华的平台。别看这小小的一座凉亭，虽然只有两三间单层青瓦亭，结构简单，然而，它仍需要挑能工巧匠精工细作，一些民间艺人趁机展现自己的才华，有的凉亭不但木工精细，凉亭的梁上还画有古代人物和山水画，让过往的行人入亭歇息时还可得到艺术享受。

凉亭是民间文化的橱窗。自古以来，入亭小坐的过客，有欣赏别人作品的，也有留下杰作的。他们往往把凉亭当做发挥雅兴的地方，在穿枋上、柱子上写满情歌、对联、打油诗。我曾想过，如果有时间将全部的凉亭山歌、诗句收集成册，那想必是十分丰富的。在这里你可饱览一番各种情调的山歌，对着大山喊唱一番，倾听大山的回音，真是心旷神怡。

凉亭是观光台，特别是建在山顶的凉亭。当我坐在凉亭里极目四野时，山路被林木遮得躲躲闪闪，一个接一个绿色的山冈像连天的碧浪在山的海洋中奔涌，那云雾缭绕的梯田、山寨时隐时现，那遥远的地方是那么神秘莫测，诱人前往，一幅流光溢彩的图画尽收眼底。

凉亭是一个民族道德品质和团结友谊的缩影。凉亭的筹建也和建鼓楼、风雨桥一样，有的出钱，有的献料，无钱无料的出工日，靠大家齐心协力修建起来的。一座凉亭选好址，从筹备到完工，不知凝聚了多少热心公益事业人士的心血和汗水。山里人把这些公益事业看得很重，凉亭瓦被风刮走了，又有人默默无闻地挑来青瓦补上；在侗乡，过去还常见凉亭里挂有草鞋供行路人更换。在没有泉水的凉亭还有专人为行人烧茶解渴，据说当地人还为烧茶人划出“凉亭田”供养守亭护亭人。

如今实现了村村通公路，山路上跑着汽车，远行人终于告别了长途跋涉的艰难。然而，那些通往寨与屯和耕作区的山路仍有人在步行，凉亭给山上劳作的人们提供的方便仍没有过时，于是，山里人仍然很好地保护它。在乡村公路旁那些凉亭不但很好地保存下来，有的凉亭还被当作了候车室，凳子油光照人。人们将过去那份热心公益事业的积极性转移到修筑公路上来，把山村和城市用公路这条致富纽带连接起来，加快了通往小康生活的步伐。

凉亭俨然像一位饱经沧桑的老人，默默地站在山坳上，它古朴的风姿依旧，只是古道通往村寨的面貌越来越新了。 （陆安顺）

4. 三江侗族大歌

侗族被人们赞美为“音乐的民族”，这是因为侗族人民能歌善唱，尤其是他们多声部合唱的侗族大歌更是优美动听、气势宏大、风格独特，它是侗族音乐乃至中华民族音乐的瑰宝。

侗家人唱歌的历史由来已久。西汉刘向所著《说苑》中所记的《越人歌》，就是侗族先祖唱歌情景的描述，在宋代有《老学庵笔记》关于侗人“至一二百人为曹，手相握而歌”的记载，明代邝露《赤雅》一书也有“侗人善音乐，弹胡琴，吹六管，长歌闭目，顿首摇足”的记载。可见，侗族大歌在明代就已在侗族部分地区盛行了。

侗族大歌在广西主要流传于三江县梅林乡、富禄乡等沿榕江一带的侗寨，通常在节日里表演，男女歌队坐在鼓楼或围在火塘边进行对唱，表达情感，歌颂自然。侗族大歌的产生和发展，有着美丽的传说：很久以前，有一群侗族小伙子和姑娘在山上耕作，休息时他们都围坐在一棵大枫树下乘凉。他们互逗取乐的欢

1.对歌场面　岑客村博客　提供
2.富禄三月三花炮节上演唱侗族大歌　朱永辉　摄
3-4.三江侗族大歌队参加央视第13届青歌赛　覃　婷　提供

声笑语，逗乐了山上的百鸟和昆虫，顿时，百鸟和昆虫也齐鸣欢唱，声音有先有后，有高有低，此起彼落，十分动听迷人。这下，小伙子和姑娘们都被优美动听的声音吸引住了，说笑取乐声戛然而止。小伙子和姑娘们侧耳静听，个个都陶醉在鸟鸣虫唱之中……之后，大家都自觉或不自觉地摹仿各种鸟虫的声音学唱，有的学唱高音，有的学唱低音，他们越学越起劲，越学越有瘾。就这样年复一年，“嘎伦郎”（侗语，即“蝉歌”）、“嘎吉约”（侗语，即“昆虫歌”）、“嘎夜”（侗语，即“青蛙之歌”）、“嘎年”等许多的多声部大歌由此诞生，这就是最早的侗族大歌，也称谐声大歌。

在历史的长河中，侗族人民创作出许多精美且种类繁多的民歌。从音乐的角度来划分，侗族民歌可分为“多声部歌”和“单声歌”两大类。侗族民间男女青年歌队演唱的多声部歌叫侗族大歌，它通常是同时唱出2—3个声部。第一个声部叫“唆胖”（侗语，即“独高音”），拖腔时，由1—3人轮换独唱；第二个或三个声部叫“唆吞姆”（中低音），由众多的人齐唱，当中有多声部。

大歌是侗族多声部歌总称，它有鼓楼大歌、声音大歌、叙事大歌、礼俗大歌、儿童大歌、戏曲大歌等若干种划分。此外，侗族大歌亦可按性别和年龄分为男声大歌、女声大歌、童声大歌等种类。随着时代的变迁，侗家歌师们为丰富大歌的内容和种类，满足人们文化生活的需求，又创作出许多歌唱新生活、赞美新时代的混声大歌。

侗族大歌需要3人以上的歌班（队）才能演唱，参加演唱的人越多，效果越好。几乎每个侗寨都有歌队，有的侗寨歌队多达十来个。他们演唱地点主要是在鼓楼、戏楼、吊脚楼、晒坝、草坪等。对歌、赛歌一般在侗年节、吃新节、春节等节日。更为有趣的是村与村、寨与寨举行对歌比赛活动。那时，男女青年们不断地用目光相互偷看对方，彼此含情脉脉，他们常常通过唱大歌的这种形式初识相恋，直至结下良缘。

“饭养身，歌养心”是侗家人常说的一句话，也就是说，他们把“歌”看成是与“饭”同样重要的事。侗家人把歌当做精神食粮，用它来陶冶心灵和情操。于是他们世代都爱歌、学歌、唱歌，以歌为乐，以“会唱歌、会歌多”为荣，用歌来表达自己的情感，用歌来倾诉自己的喜怒哀乐。歌与侗家人的社会生活息息相关，不可分割。于是侗族的各种民歌，特别是侗族大歌，便成了他们久唱不衰的一首古歌。

5.
侗族服饰

由于地处山区，交通不便，南部侗族地区的服饰至今仍保持着较为古老的裙装。南侗善绣，服饰极为精美，女子穿无领大襟衣，衣襟和袖口镶有精细的马尾绣片。图案以龙凤为主，间以水云纹、花草纹，下着百褶裙，脚蹬翘头花鞋。髻上饰环簪、银钗，头戴盘龙舞凤的银冠，并佩戴多层银项圈和耳坠、手镯，腰系腰带、银腰缀，青布包头，下着宽大长裤，穿草鞋或赤脚。盛装时穿古老的、百鸟衣、银朝衣、月亮衣等等。

侗族服饰历史悠久，古朴雅致。南部方言地区高传信地一带，保留着古朴的服饰。男子过去蓄长发，头包长帕，身着右衽父母装，束腰带，下身着长裤、裹腿布。女子发髻与古代汉族女子相似，并插银簪，带银质耳环或耳坠，上身穿开襟敞胸衣，罩以胸围，上齐脖部分成两岔，均绣有花纹，并以两红带挂过肩头系于背后，并吊以银质饰品，腹部罩以围腰，围腰带飘于身后，下身穿百褶裙，着短内裤。裹腿上系飘带于外侧，男女夏季多赤足或穿草鞋，冬着左衽父母装平

1.三江八江河流域侗族女子服饰：头巾、银项圈、百褶裙、绑腿、鞋袜
2.银饰、肚兜、布鞋
3.项圈与手镯

布棉衣。有些地方妇女为显示纺织手艺，在节庆集会集体社交时给家中男子穿上七件或九件单衣，下襟以外层短于内层一指宽，形成层层阶梯状的衣襟排列，下身着长裤，出门穿草鞋状绣花鞋；女子盘发，结于前额，发尾飘于脑后，插红木梳，耳吊金环、银环或玛瑙环，上身着对襟敞胸衣，罩围腰，下着百褶裙、裹腿，冬着父母装薄棉衣，套五彩短袖套。

侗族女子盛装时，身着全新紫色亮布开襟衣或左衽父母装，下着精制的褶裙，足套船形钩嘴花鞋；头插银花；项带银圈；耳吊金环或银坠；腰系红缎缀银飘须带。有些地方还着挑花白羽罩裙匾带。侗家姑娘的首饰、刺绣、挑花的图案内容有山上的花草树木、飞禽走兽，也有水中的鱼龙虾蟹。金银饰品有瓜子金环、鱼状银坠、鸟儿花丛状花头饰、鱼篓状腰带银坠等等。还有一些工序简朴的手镯、项圈、环铄、背铊等古朴粗犷的饰品。

侗族绣片

侗族荷包是精美的刺绣工艺品，流行于广西三江地区，是妇女腰间饰物。形似葫芦，长12厘米，下宽8厘米，以粉绿色做地纹，上绣自由式花草、动物纹样，用玫瑰红、桃红、群青、草绿、墨绿、金黄、银色丝线织成。葫芦边缘有红、蓝二色花边，两侧有红、绿二色吊穗。流传于广西三江、龙胜，湖南新晃、通道，贵州黔东南地区。

妇女耳垂装饰一般呈环形，同钥匙圈大小，不封口，尾部勾着圆形、扁形或帽形雕刻精美的装饰物，多用细银线弯结成果状、花状或绣球状。其周围、下方吊着小鱼、桃形、扁长体、菱形、塔状等各种小饰物，上刻细小花纹。有的耳环形似竹根，上涂珐琅。还有的用细银线缠绕在环形圈上，未缠线处涂珐琅花纹。因使用人和场合不同，亦有区别。小孩、老年妇女所戴较为简单。青年妇女戴者叫“色板”，纹饰丰富，节日盛装时还戴两三对，显示其美丽、富有。

侗族胸兜花：侗语称为“深”。长13厘米，宽17厘米。纹样多采用喜鹊、谷穗、杨梅、荔枝等花鸟纹样，配以铜钱纹样，含富贵吉祥之意。在黑底上配以水红、桔红、湖蓝、群青、粉绿等色。多以湖蓝色作为底纹，与各种色彩的花纹形成强烈的色彩对比，当地民间艺人叫“衬花”。在刺绣之前先剪出纸稿，然后将纸稿贴底纹上，用齐针绣出。下部则配以绣有二方连续几何图案的织锦。

广西地处祖国南疆，濒临北部湾，自古以来，这里就是多民族聚居的地区，壮族、汉族和其他兄弟民族共同创造了悠久灿烂的历史，拥有绚丽多姿的民族风情。

出版本丛书的初衷，就是立足于广西丰富的民族历史文化和风土民情，以通俗易懂的文字、直观生动的图片编写一套展示广西多姿多彩民俗风情的图书，以促进各民族间的相互来往、互相尊重，同时为民俗学者提供鲜活的研究资料，且有利于各级领导在充分了解民族习惯的基础上，以少数民族群众容易接受的方式宣传党和政府的大政方针，指导经济、政治、文化、社会建设，使读者在愉快的阅读中感受八桂大地世世代代发扬和传承的民间民俗文化和广西各族人民的民族性格，民族精神，民族的真、善、美。

该丛书的出版得到了广西壮族自治区新闻出版局以及广西区内长期从事民俗文化教学、研究工作的专家学者们的关心和支持。丛书主编，广西新闻出版局党组副书记、副局长于瑮教授为丛书制定了指导思路，确立了编写大纲；广西壮族自治区民族事务委员会组织专家对书稿的政治性、民族性进行了审定；在图片征集过程中，得到了广西民俗摄影家协会唐建强会长、江晓东秘书长，隆林各族自治县县委宣传部，环江毛南族自治县民俗摄影家协会，东兰县民俗摄影家协会，广西著名摄影家李桐、余亚万、张小宁等诸位老师、前辈以及相关少数民族网站的热情支持，在此，谨致以我们诚挚的谢意！书中未署名的图片，多由著者、编著者提供，图片说明中不再赘列，少部分图片因时间关系未能及时联系到拍摄者，深表歉意，敬请相关作者见书后与编辑部联系，以便奉寄稿费。

今虽付梓，然因出版时间紧迫、编者水平有限，纰漏之处在所难免，诚望读者不吝赐教，以便今后再修订时正误补遗。

编　者

图书在版编目（CIP）数据

侗族民俗风情 / 吴鹏毅编著. — 2版. — 南宁：广西民族出版社，2012. 7

（广西民族风情典录丛书 / 于璪主编；2）

ISBN 978-7-5363-6419-6

Ⅰ. ①侗… Ⅱ. ①吴… Ⅲ. ①侗族－少数民族风俗习惯－广西 Ⅳ. ①K892.372

中国版本图书馆CIP数据核字（2012）第137244号

广西民族风情典录丛书

侗族民俗风情

DONGZU MINSU FENGQING

主编◆于　璪　副主编◆向润华　王光荣　吴鹏毅　编著

出版发行　广西民族出版社（地址:南宁市桂春路3号　邮政编码:530028）

发行电话　(0771) 5523216　5523226　传　真：(0771) 5523246

E-mail　CR@gxmzbook.cn

责任编辑　黄　丹　李雨春

装帧设计　璞　闾

美术制作　陈　卓・汉诺设计

责任印制　蓝剑风

印　　刷　广西金考印刷有限公司

规　　格　787毫米×1092毫米　1/16

字　　数　180千字

印　　张　11.25

版　　次　2012年7月第2版

印　　次　2013年5月第2次印刷

ISBN 978-7-5363-6419-6/K・146　　定价：36.00元

如有印装质量问题，请与出版社联系调换（0771-5523216）